CONTRA A CORRENTE

CARO(A) LEITOR(A),

Queremos saber sua opinião sobre nossos livros.
Após a leitura, siga-nos no **linkedin.com/company/editora-gente**,
no TikTok **@editoragente** e no Instagram **@editoragente**,
e visite-nos no site **www.editoragente.com.br**.
Cadastre-se e contribua com
sugestões, críticas ou elogios.

PEDRO WAENGERTNER
PREFÁCIO DE SERGIO CHAIA

CONTRA A CORRENTE

Estratégias da vida real para você tirar a sua ideia de negócio do papel e começar a empreender

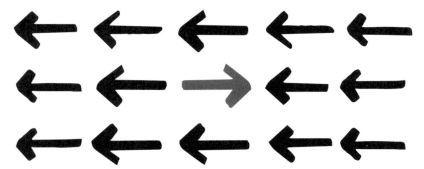

Diretora
Rosely Boschini
Gerente Editorial Sênior
Rosângela de Araujo
Pinheiro Barbosa
Editoras
Carolina Forin
Juliana Fortunato
Assistente Editorial
Camila Gabarrão
Produção Gráfica
Leandro Kulaif
Preparação
Elisabete Franczak Vieira Branco
Capa
Caio Duarte Capri
Projeto Gráfico
Marcia Matos
Adaptação e Diagramação
Marcela Badolatto
Revisão
Gleice Couto
Mariana Marcoantonio
Impressão
Edições Loyola

Copyright © 2024
by Pedro Waengertner
Todos os direitos desta edição
são reservados à Editora Gente.
Rua Deputado Lacerda Franco, 300
Pinheiros – São Paulo, SP
CEP 05418-000
Telefone: (11) 3670-2500
Site: www.editoragente.com.br
E-mail: gente@editoragente.com.br

Dados Internacionais de Catalogação na Publicação (CIP)
Angélica Ilacqua CRB-8/7057

Waengertner, Pedro
    Contra a corrente : estratégias da vida real para você tirar a sua ideia de negócio do papel e começar a empreender / Pedro Waengertner. - São Paulo: Editora Gente, 2024.
    192 p.

ISBN 978-65-5544-507-7

1. Desenvolvimento profissional 2. Empreendedorismo I. Título

24-2971   CDD 658.3

Índices para catálogo sistemático:
1. Desenvolvimento profissional

NOTA DA PUBLISHER

Não é segredo que vivemos em uma sociedade na qual a norma é atender ao padrão. Para isso, existem inúmeras táticas, desde a infância, para que sigamos esse fluxo: bicho-papão, homem do saco, monstros embaixo da cama... tudo isso tem a intenção de criar o medo, porque ele é um grande limitador de aventuras.

Em *Contra a corrente*, Pedro Waengertner quer estimular justamente esse nado contra o fluxo, em busca da superação de limites e da quebra de padrões. A liberdade de lutar em causa própria, colocando em ação ideias e projetos que antes estavam presos na imaginação ou no papel, é conquistada com planejamento e conhecimento. Não é uma realização impossível – e está longe disso.

O Pedro é a pessoa ideal para tratar desse assunto, porque nunca teve medo de arriscar e tentar fazer diferente. Foi com essa atitude que ele já colocou seis empresas no mercado, estando à frente da holding ACE Ventures como CEO, na qual tem o propósito de investir em empreendedores extraordinários cujos negócios estejam em estágio inicial, para que possam se desenvolver com segurança e transformar o mercado.

Espero que, muito em breve, você esteja liderando o negócio que sempre sonhou ter. Boa leitura!

ROSELY BOSCHINI
CEO e Publisher da Editora Gente

A todos que têm a coragem
de colocar a própria ideia
no mundo.

PREFÁCIO

Nunca fui um fã de prefácios. Sou daqueles que dá uma olhada rápida e já pula para o capítulo inicial quando o texto não me atrai em seguida. E sou um leitor inveterado! Devo ter lido uns trinta livros por ano nas últimas três décadas. Desses mais de novecentos livros, foram poucos os prefácios que me prenderam até o fim. Então foi com um misto de satisfação e inquietação que recebi o convite do Pedro para prefaciar este livro.

Nossa história começou no início de 2019. O local foi o Futuro Refeitório, um café-restaurante descolado em Pinheiros, São Paulo. Eu estava animado com aquele encontro. Meu novo *coachee* era um cara cheio de conquistas, uma referência no setor em que atuava, e eu tinha recebido boas recomendações dele. Eu estava curioso para descobrir por que ele estava pensando em iniciar um processo de mentoria comigo. Foi ali que comecei a conhecer mais o Pedro. Com o passar do tempo, aprender e compartilhar com ele passou a ser mais do que um trabalho e se tornou um prazer.

Para entender um livro como este, penso que é importante você entender a pessoa por trás dele. Conhecer o Pedro, como ele é, vai ajudar você, leitor, a saborear melhor essa jornada. E digo "saborear" porque este não é um livro que deve ser lido de uma talagada só.

Cada capítulo é um convite para uma reflexão sobre o que as palavras lidas significam para você e que movimento você pode fazer com elas.

O binômio "reflexão" e "movimento", inclusive, é uma boa definição do Pedro. Ele não compra nada no atacado. Pelo contrário. Ele é adepto da profundidade, de pensar antes de falar. Gosta de debater e provocar. Por isso, nada do que é proposto neste livro é por acaso.

Nestas páginas, ele retrata as experiências e vivências de quem dedica boa parte da vida a ajudar empresas e empreendedores a prosperar. Mas a reflexão e a profundidade que ele oferece não significam uma análise infinita ou uma aversão ao risco. Pedro, assim como a maioria dos leitores deste livro, é um empreendedor. Com ele, aprendi que o que causa dor ao empreendedor é a falta de movimento, e que ela faz que o ônibus passe e você perca a oportunidade de embarcar.

Mais do que apresentar conceitos, este livro faz provocações. São reflexões e ações de alguém que sabe do que está falando, mas tem uma enorme energia e curiosidade de ser melhor, sempre. E o Pedro se dedica a isso com muito afinco, como fez em nossas sessões. Foi com a combinação de reflexão e ação que nasceu durante nossas conversas o embrião do podcast *Growthaholics*,[1] que rapidamente se tornou um dos conteúdos mais respeitados e ouvidos sobre empreendedorismo.

Como o Pedro é meticuloso, você será confrontado com a resistência que frequentemente é enfrentada quando se tenta inovar e se diferenciar em um mundo que pressiona a seguir o *status quo*. Ele enfatiza a capacidade de adaptação e a importância de uma execução estratégica. E ensina a entender o mercado e os clientes, a comunicar a visão do projeto de forma eficaz e a ver a concorrência

---

1 GROWTHAHOLICS | Inovação, negócios e empreendedorismo. [S.I.]: ACE, 29 abr. 2021. *Podcast*. Disponível em: https://open.spotify.com/show/4373mqN v8l63GDQRdjpaHF. Acesso em: 26 jun. 2024.

como uma fonte de insights valiosos. Para ele, a procrastinação é um inimigo a ser combatido com um senso de urgência.

A clareza na criação de um negócio é outro tema central. Pedro alerta contra a paixão excessiva por uma única ideia, incentivando a flexibilidade e a inovação constante. A execução é crucial. Pedro destaca a importância de uma estratégia clara e da adaptação contínua. Ele explora o crescimento pessoal e empresarial, enfatizando a importância de boas parcerias, o apoio familiar e a capacidade de transformar limitações em oportunidades.

Por fim, aborda a liderança e a construção de uma cultura empresarial sólida. Ele encoraja a dar os primeiros passos em direção ao empreendedorismo, ressaltando que a jornada pode ser desafiadora, mas também é transformadora. Agir agora é crucial, pois o mundo precisa das contribuições únicas de cada um.

Se eu fosse você, leria estas páginas com muita curiosidade. Para adaptar os exemplos à sua realidade. Para confrontar o que você pode fazer diferente e que insights devem ser amadurecidos. Para decidir quais conversas e conselhos práticos você pode transformar em motivação, execução e esperança. E quais provocações você vai decantar para refletir sobre como agir daqui pra frente. Até porque acredito que vale muito mais o que a gente aprende do que o que tentam ensinar para a gente. Assim é o Pedro, e assim é este livro. Por isso ele deve ser um companheiro importante e constante na jornada e na aventura de quem quer empreender e de quem está empreendendo.

Seja, antes de tudo, curioso e pragmático!

SERGIO CHAIA

Coach de CEOs e empreendedores, conselheiro de empresas,
CEO da Unico Brasil e educador do Instituto Ser+

SUMÁRIO

Introdução _____ **17**

Capítulo 1 - O poder do *status quo* _____ 25

Capítulo 2 - Nossos fantasmas anticriação_____ 39

Capítulo 3 - O mundo é um parque de diversões para
quem quer criar_____ 57

Capítulo 4 - Organizando os pensamentos em meio
ao (próprio) caos_____ 77

Capítulo 5 - Como não se apaixonar pelas
próprias ideias_____ 103

Capítulo 6 - Execução é (quase) tudo_____ 111

Capítulo 7 - Preparando-se para o desafio_____ 131

Capítulo 8 - Vamos esperar essa crise acabar_____ 149

Capítulo 9 - Dia zero: um choque de realidade_____ 161

Capítulo 10 - Este é só o começo_____ 181

Palavras finais_____ **189**

INTRODUÇÃO

Se você olhar ao redor, vai perceber que praticamente tudo foi criado por alguém que transformou uma ideia em algo concreto. Pensar nisso sempre me fascinou e me fez escolher o que faço hoje: empreender ajudando empreendedores a colocarem a própria visão no mundo.

Minha versão de 10 anos de idade certamente não tinha um pingo de vontade de empreender. O que eu tinha era um desejo infinito de criar, de usar minha imaginação e experimentar, testar novas ideias. Adorava desmontar brinquedos, fantasiar mundos com meus desenhos e ler histórias incríveis que me transportavam a novas realidades.

A vontade de criar sempre esteve muito forte em mim. Minha meta, quando me tornei adolescente, era ser diretor de cinema. Ganhei essa paixão pela convivência com meu pai, que sempre foi aficionado pela sétima arte, e porque minha família sempre me incentivou a mergulhar no mundo das artes e desenvolver essa sensibilidade. Justamente por isso escolhi Publicidade como meu curso de formação – a outra opção era Psicologia, paixão que desenvolvi devorando a obra de Freud.

Meu plano era me tornar redator publicitário e, se tudo desse certo, diretor de criação. Imagine só, eu criando campanhas para

17

clientes, comerciais, conceitos e tudo mais. Talvez até ganhando prêmios em Cannes! Bem, nada disso aconteceu. Eu entrei em outro mundo, que também adorava: o mundo da tecnologia e da internet, que estava surgindo na época que saí da faculdade.

Durante muitos anos, achei que estava fugindo de minha paixão, que não estava abraçando o que realmente deveria estar fazendo. Acreditava que deveria estar criando peças publicitárias, participando de *brainstormings* e sendo premiado. Mal sabia que estava atuando exatamente onde deveria e que poderia ser criativo na área de tecnologia. Aliás, podemos ser criativos ao criar absolutamente qualquer tipo de negócio. Aprendi isso convivendo com centenas de empreendedores.

Durante muito tempo, andei no piloto automático, fazendo as coisas porque eu "tinha que fazê-las". Sempre tive grande capacidade de enfrentar o desconforto. Acho que isso veio de minha introversão extrema na adolescência. Acabei desenvolvendo fobia social, especialmente em grandes grupos. Quando fiz cursinho, tive tanta dificuldade em ficar na sala com duzentas pessoas que acabei abandonando e estudando em casa. Mas sempre tive a filosofia de encarar esses desafios como parte da vida e acabei me forçando a falar para grupos.

Acabei me tornando professor do MBA da Escola Superior de Propaganda e Marketing (ESPM), ideia que alguns anos antes me daria um ataque de pânico. A filosofia de encarar o desconforto de frente me ajudou muito, mas também causou esse fenômeno do piloto automático, de encarar algo sem pensar no porquê.

Muitos anos e sessões de terapia me fizeram entender que criar e empreender não são atividades conflitantes. Muito pelo contrário. Qualquer expressão minha no mundo é um ato de criação. Colocar um negócio no mundo é algo que exige praticamente todos os recursos intelectuais e emocionais de quem se dedica a ele. Desconheço atividade mais difícil e com mais peso emocional do que se atirar de cabeça em um negócio. Isso nos coloca à prova todo o dia. Foi assim que me descobri empreendedor, ou seja, alguém que cria o novo.

Isso sem falar no fato de existirem pessoas dependendo de você e confiando nesse processo, muitas vezes dezenas, centenas ou milhares de pessoas e famílias comprando seu sonho. É muita responsabilidade. Ao mesmo tempo, ver a expressão de sua criação viva no mundo é uma sensação incrível e recompensadora.

É paradoxal dizer que há muitas pessoas que não sabem por onde começar, uma vez que as livrarias dos aeroportos estão repletas de guias de como "criar um negócio milionário" ou passo a passo de como vender mais, como liderar pessoas e tantas outras subcategorias envolvidas na criação de negócios. Tendo acesso a tudo isso, eu sempre me perguntei: por que eu ainda não sinto que uma dessas obras fala comigo?

Eu idealizei este livro justamente para conversar com pessoas que sabem, lá no fundo, que deveriam estar fazendo isso, mas ainda não deram os primeiros passos, ou estão começando essa jornada e não sabem a quem recorrer e quais conselhos seguir. Ele foi feito para oferecer caminhos e formas de pensar nos próximos passos. Embora bastante diversas, acredito que todas essas pessoas são unidas por algo profundo e muito fundamental. E possivelmente você é uma delas.

São tantas metodologias e conselhos, muitas vezes conflitantes, que nos fazem pensar no que devemos fazer. Assim, acabamos estudando biografias de grandes nomes do mundo dos negócios e tentamos emular esses comportamentos. Repetimos frases de gurus em conversas e os idolatramos como semideuses. Comparados com Steve Jobs, quem somos nós na fila do pão? Esse diálogo interno muitas vezes nos impede de ouvir o que realmente importa: nossa própria voz.

Introdução **19**

O objetivo deste livro não é ensinar a ganhar dinheiro. É óbvio que ganhar dinheiro é ótimo. Sempre que alguém rico mencionar que dinheiro não traz felicidade, peça que lhe doe alguns milhões para que você mesmo chegue a essa conclusão. O dinheiro faz muita diferença na vida de qualquer um, mas iniciar uma jornada empreendedora com isso em foco geralmente não funciona. E não funciona por uma razão muito simples: o dinheiro é um subproduto da jornada, e não o objetivo final dela.

Este livro foi escrito para pessoas de qualquer idade, gênero, formação e atividade profissional. Ele foi feito para quem tem um único interesse em comum: colocar algo seu no mundo. Foi planejado para conversar com os medos e as inseguranças de quem o ler. E foi criado para provocar um próximo passo.

Este livro não é um manual nem um passo a passo de como tirar algo seu do campo das ideias. O objetivo dele é entregar reflexões e pontos de vista que talvez você ainda não tenha. Quero mostrar as coisas mais importantes a serem consideradas, como quem você vai colocar a bordo de sua iniciativa e como deve lidar com os primeiros passos. Não é uma fórmula infalível, porque isso não existe.

Como já tive contato com centenas de empresas e empreendedores, posso afirmar que não existe essa fórmula mágica por uma razão muito simples: se existisse, o mercado seria inundado por empresas maravilhosas, que crescem e abrem capital na bolsa diariamente. E isso está longe de ser verdade, porque a probabilidade de quem está começando dar certo é pequena. Então, se você começar a jornada pensando apenas no "sucesso" (entre aspas, porque o termo é uma definição subjetiva, que veremos adiante), vai ser difícil manter a sanidade ao longo dos anos.

Essa fixação pela fórmula mágica do "sucesso" pode ser chamada de fenômeno Anna Kariênina. A primeira frase da obra homônima de Tolstói e tornou uma das mais célebres da literatura mundial: "Todas as famílias felizes são iguais. As infelizes o são cada uma à sua maneira".[2] Trazendo para a realidade dos negócios, podemos afirmar que "Todos os negócios que falham são iguais. Aqueles que são bem-sucedidos o são cada um à sua maneira". Em vez de tentar criar uma fórmula, procurarei mostrar onde normalmente erramos e, ao mesmo tempo, como você pode pensar de maneira diferente sobre aquilo que quer criar.

Sabemos que as empresas fecham quando o dinheiro acaba ou quando os sócios decidem encerrar as operações, mas cada companhia que consegue permanecer no jogo por anos tem o próprio estilo e forma de pensar. Algumas fazem exatamente o contrário do que pregam os manuais, e a verdade é que nesse jogo não existe certo ou errado, só o que é ético ou não. Operando dentro dos limites da ética, as possibilidades para criar uma realidade são infinitas.

E é isto que me fascina em relação a essa atividade: as infinitas possibilidades.

Eu quero contaminar você com a mesma empolgação e mostrar algumas coisas nas quais acredito que você deva prestar atenção. A primeira delas é **você**. Entender exatamente o que **você** busca e o que é mais importante. É a partir disso que você começa a construir sua realidade.

No início, quero falar do que nos condiciona e nos impede de olhar as coisas com nossos próprios olhos, porque somos programados para obedecer e fazer o que o restante das pessoas acha

---

2 TOLSTÓI, Liev. **Anna Kariênina**. São Paulo: Companhia das Letras, 2017. p. 14.

"normal". Em seguida, entrarei nos principais medos e desculpas usados para não criar o próprio negócio. Mostrarei as diversas crises enfrentadas ao longo da jornada e do que você precisa considerar antes de iniciá-la. Quero ajudar você a aguçar sua sensibilidade para encontrar novas oportunidades (algumas delas estão em sua frente!) e apresentar várias reflexões que você precisa fazer antes de dar os primeiros passos.

Falarei também de como não se apaixonar pelas próprias ideias e qual é a importância da execução para o sucesso de qualquer iniciativa. Explicarei o que vai acontecer logo no início de sua jornada e como você pode se preparar para esses desafios. São diversos convites à reflexão e dicas de quem já viveu e presenciou a criação de centenas de negócios.

Espero que, ao final, você se inspire a dar os primeiros passos. Ou desista completamente da ideia. O mais importante é que você assuma uma postura ativa em relação a esse ponto e não espere mais para dar os primeiros passos.

Vamos embarcar juntos nesta jornada.

1.

O PODER
DO *STATUS QUO*

Sabe aquele projeto que você fantasia colocar em prática há anos?

Não estou me referindo apenas àquele negócio que você quer montar. Refiro-me às milhares de ideias que você engavetou (e continua engavetando). O artigo que você queria escrever, aquela ONG ou movimento que você gostaria de criar, o site, o blog, o post.

Você já se perguntou o porquê de isso nunca ter saído da gaveta? A explicação mais comum é "a vida aconteceu". As obrigações, as faturas, a falta de tempo.

Alguns elaboram mais, culpando o momento do mercado, os filhos, a falta da "ideia certa". É fácil racionalizar esse tipo de coisa. Logo voltamos para nossa vida, varrendo para baixo do tapete a vontade de criar e impactar o mundo. O conforto ganha.

Paradoxalmente, nunca foi tão simples criar. Hoje existe ferramenta para tudo. Com poucos cliques, postamos qualquer conteúdo para o mundo inteiro ver. Abrimos uma nova empresa em poucos dias. Até as assinaturas se tornaram digitais. O mundo inteiro está conectado a meia dúzia de plataformas de comunicação.

Apesar de todas essas facilidades, ainda existe quem perca tempo atuando em projetos que não se conectam com o que acreditam. Passam anos a fio trabalhando em empresas que não se alinham aos próprios valores.

Se você já colocou algo no mundo, algo seu, conhece a sensação. O medo de não gostarem do que você criou, de ser criticado. Mais recentemente, o medo de ser cancelado nas mídias sociais por ter falado algo errado. O medo de ninguém usar seu produto. O medo de aquela ideia que você sugeriu para a diretoria não dar certo. O medo de as pessoas rirem pelas suas costas.

Se você conhece essas sensações, também já deve ter sentido a adrenalina de tentar, de se expor, de correr riscos. O sentimento de vender um projeto no qual você realmente acredita. De aprender fazendo, errando e acertando.

Tentar, arriscar, dar a cara a tapa. É assim que o progresso funciona. A humanidade só evoluiu a partir de erros e acertos (muito mais erros, diga-se de passagem) de gerações e gerações com frio na barriga e insegurança. E que mesmo assim se arriscaram.

Não me entenda errado. Não acho que seja realista exigir que todos saiam criando coisas novas pelo mundo. Não me refiro a todos. Para transformar o mundo, não é necessário ter uma grande parcela da população mudando a realidade. Um pequeno número de pessoas é suficiente para conseguir mudar a vida de outras milhões.

Se você está lendo este livro, provavelmente tem algum projeto em andamento ou tem alguns na gaveta. Talvez esse projeto seja uma empresa, talvez seja algo que pode mudar a vida de sua comunidade. Talvez você queira criar dentro da empresa em que trabalha hoje.

Então este livro foi feito para você.

A boa notícia é que não faltam problemas para serem resolvidos. A excelente notícia é que também não faltam criadores. Aprendemos que a resposta está em quem cria, em quem está disposto a enfrentar todos os obstáculos ao longo do caminho para colocar a própria visão no mundo.

O que falta é o estímulo para dar os primeiros passos e entender que a jornada é o destino. Que não existe "chegar lá". Que a vida de alguém que cria é criar, é construir. É constantemente aperfeiçoar a criação. E, ao mesmo tempo, buscar pessoas que também tenham o mesmo propósito para criar junto.

Eu espero que este livro ajude você a entender como avançar com seus projetos e ajudar outras pessoas a fazerem o mesmo. Antes de mergulhar nos meandros da criação de algo novo, quero que você entenda por que normalmente não somos incentivados a criar algo nosso.

GANHEI ESTRELINHA

Elefantes são animais extremamente fortes. Pesam mais do que um carro e conseguem facilmente derrubar uma árvore de grande porte. Em regiões onde estão presentes, é comum vê-los domesticados, com apenas uma corda fina amarrada na pata dianteira. Uma corda solta. E o elefante fica lá, imóvel, quietinho.

Para condicionar um elefante, amarra-se essa corda quando ele ainda é apenas um filhote. Ele tenta se libertar e não consegue. Com o passar dos anos, deixa de tentar. Então aquela corda amarrada no pé vira uma prisão mental.

Eu detesto a ideia de maus-tratos a animais, mas acho que essa é uma metáfora poderosa para entendermos como a nossa cabeça funciona. A maioria das pessoas foi condicionada a obedecer desde cedo. Todos os incentivos, na infância, são direcionados à obediência e a se encaixar em determinado padrão de comportamento.

Na escola, devemos decorar as matérias, tirar boas notas e passar nas provas. As notas são dadas a quem sabe mais daquele conteúdo específico. Mas não basta saber o conteúdo. É preciso falar exatamente o que os professores querem ouvir. Os pais elogiam os filhos por serem "crianças comportadas".

A citação "Me mostre os incentivos e eu te mostro os resultados", frequentemente atribuída ao investidor Charlie Munger (1924-2023), resume bastante o que acontece conosco. A maioria dos incentivos durante a infância e a adolescência está alinhada a decorar e se comportar de acordo com "o que é esperado", pouco questionando o porquê das coisas.

O resultado disso são adultos que continuam obedecendo e trilhando caminhos que não são necessariamente aqueles que gostariam de seguir. Continuam no piloto automático, comprando uma história que não é necessariamente a deles. E, depois de alguns anos, a corda do controle não precisa mais estar amarrada a um poste.

Nas empresas, o mesmo fenômeno pode ser identificado. A estrutura predominante de gestão ainda é a de comando e controle. A mesma lógica da escola é mantida, só que no meio corporativo. Quem cumpre melhor os processos e quem é mais eficiente recebe mais reconhecimento. Felizmente, essas estruturas estão se tornando obsoletas diante da constante inovação no mercado.

E a realidade das empresas está cada vez mais difícil, com mudanças acontecendo por todos os lados e concorrentes surgindo a todo momento. E do que elas precisam? De gente que conheça a nova realidade de mercado e as novas tecnologias, mas, acima de tudo, de quem consegue ter autonomia, pensar e criar em um contexto altamente competitivo e incerto.

A maioria das pessoas foi formada no contexto que mencionei e tem uma visão clara do que precisam fazer para evoluir na carreira. Várias delas sempre ganharam estrelinhas na escola porque cumpriram tudo o que foi combinado, com a promessa de alcançar a vida que sempre idealizaram.

De repente, as estruturas corporativas mudam. Começa-se a falar de novas metodologias, de Scrum,[3] de transformação digital, orientação a dados e dizem que agora é preciso fazer parte de um *squad*, que "não existe mais chefe". Como alguém que passou a vida inteira acreditando que a aprovação das figuras de autoridade é o caminho para o crescimento pode se adaptar a essa nova realidade? A professora era quem decidia se você passava de ano na escola. Na universidade, você citou todos os autores que a orientadora pediu. Passou nas disciplinas do MBA com A. E agora?

Agora você precisa ter independência, precisa criar. Vá lá e quebre as regras, inove!

A corda na perna começa a incomodar.

Conversando com um gerente de uma empresa de grande porte que está há quinze anos na mesma companhia, esse problema ficou evidente para mim. Ele sempre teve ótimas avaliações de desempenho, sempre entregou os resultados que foram exigidos, tendo passado por várias áreas do negócio. Claramente era muito competente e dedicado.

Finalmente, chegou a chance dele na companhia. A posição de diretor, que ele estava aguardando havia alguns anos, ficou vaga. Aconteceram conversas com outros diretores, até mesmo com o CEO da empresa. Estava confiante, até que foi anunciada a contratação de uma diretora nova. Ele não acreditava no que tinha acontecido. A empresa tinha optado por contratar uma empreendedora do mercado, que tinha acabado de encerrar a operação da própria startup. Ela não era formada na área e tinha pouca experiência no

---

3 Scrum: método derivado do desenvolvimento de software que prega a execução de projetos centrados no cliente a partir de entregas constantes e correções de rota a partir de feedbacks e realidades encontradas no contexto dos projetos.

setor, porém a empresa disse que buscava "oxigenar" a liderança, buscando pessoas com uma mentalidade mais empreendedora.

Em nossa conversa, esse profissional estava frustrado e se sentia absolutamente injustiçado pela decisão. No final, ele disse: "Eu fiz tudo certo". Usei esse gancho para responder que ele estava jogando outro jogo. As regras mudaram, e ele continuou pensando e agindo da mesma forma. Ele não deveria se sentir mal, pois existe muita oportunidade ainda para se adaptar ao que está acontecendo no mercado.

O déficit de pessoas que possam atender às novas expectativas corporativas só vai aumentar. A história desse gerente é muito mais comum do que você imagina. E não é culpa necessariamente dele. Serve de alerta a todos nós.

A ERA DOURADA DA INOVAÇÃO

Estamos no meio de uma revolução e não nos damos conta.

Olhe para todos os recursos que você tem à disposição. Há apenas uma geração, diversos recursos que tomamos como essenciais sequer existiam. Os smartphones e a mobilidade criaram novos setores da economia e impactaram toda a sociedade. Nunca imaginamos que isso fosse acontecer. Mas é assim que funcionam as revoluções. Elas são emergentes.

No ótimo livro *Emergência*,[4] Steven Johnson detalha os processos emergentes da natureza, mostrando como organismos que não têm o que entendemos como consciência conseguem se organizar e tomar decisões juntos com base nos estímulos do ambiente. Ele fala que são fenômenos que acontecem de baixo para cima, e não

---

4 JOHNSON, S. **Emergência**: a vida integrada de formigas, cérebros, cidades e softwares. Rio de Janeiro: Zahar, 2003.

de cima para baixo.[5] Ou seja, não existe a figura de uma pessoa arquitetando como as coisas vão acontecer, elas acontecem de acordo com a interação dos diferentes indivíduos com o ambiente. É a teoria da evolução aplicada aos mais diferentes contextos.

A história da humanidade caminha com a história da inovação. E cada nova descoberta abre as portas para a próxima. As revoluções que estamos vivenciando com a inteligência artificial atualmente iniciaram há décadas com a computação. Um telefone celular, que cabe no bolso, tem mais capacidade de computação do que os computadores de última geração da década de 1960. Esse ciclo nunca para. A intensa evolução da tecnologia das últimas décadas proporcionou um momento único na história para todos nós.

Em vez de progresso em apenas uma área do conhecimento, temos evoluções em absolutamente todas: a mobilidade, os smartphones, CRISPR (tecnologia para edição do DNA), blockchain, inteligência artificial, energias renováveis e muito mais. MUITO mais. Tudo isso regado com bilhões de dólares de capital e uma ideologia de reinvenção importada do Vale do Silício.

Hoje voltamos a sonhar com a exploração espacial, como fazíamos nos anos 1960, e assistimos a lançamentos de foguetes com nossos filhos. Sonhamos com diversas alternativas de futuro viabilizadas pela tecnologia. Nossa mentalidade está cada vez mais voltada à experimentação, suportada por metodologias como o Lean startup[6] e o Scrum.

Saber com rigor o que vai sair dessa revolução é praticamente impossível, tendo em vista a quantidade de fatores envolvidos. Mas

---

5 Os fenômenos *bottom up* emergem sem a necessidade de um agente orquestrando de forma centralizada as ações. Eles acontecem de baixo para cima.

6 Lean startup: metodologia que se popularizou no meio empreendedor a partir do foco na experimentação e no aprendizado como ferramenta para a criação de negócios.

posso garantir uma coisa: é a maior revolução que já vivemos. E veremos por diversas gerações o impacto do que estamos vivendo hoje.

Minha aposta é que vamos entrar em uma era de prosperidade nunca imaginada, em escala global. Nas próximas décadas, as mudanças serão intensas em todas as áreas da economia e na forma como vivemos. Sei que pode não parecer assim quando olhamos as mazelas atuais de grande parte da população mundial, o aquecimento global e todos os impactos que podem vir da robotização e da inteligência artificial. Entretanto, quem viveu a Revolução Industrial também não conseguia enxergar a mudança do mundo e o que aconteceria nas décadas seguintes.

Outro dia estava assistindo à série *Drácula,*[7] da Netflix. Em um dos episódios, Drácula acorda nos dias de hoje e entra na casa de uma pessoa de classe média na Inglaterra. Olhando tudo o que há na casa, ele questiona se ela faz parte da realeza. Acho que, se acordarmos na casa de alguém daqui a cem anos, é provável que tenhamos a mesma impressão (em tempo, não estou recomendando a série).

Sabe aquelas conversas de bar, em que alguém fala: se tivesse investido em bitcoin há dez anos, eu seria um milionário? Pois é. É a cabeça pregando peças. Como se os eventos que pudessem nos deixar milionários fossem alguns poucos na história. A verdade, porém, é que atualmente existem centenas de oportunidades como a Bitcoin, sobre as quais as pessoas em dez anos poderão falar a mesma coisa. E adivinha? Em dez anos com certeza existirão outras oportunidades com a mesma característica. Ou seja, **sempre é o momento certo, mesmo que a nossa mente não consiga entender isso com clareza.**

---

7 DRÁCULA. Criação: Steven Moffat e Mark Gatiss. Reino Unido: BBC, 2020. Série exibida pela Netflix. Disponível em: https://www.netflix.com/br/title/80997687. Acesso em:19 jun. 2024.

Vivemos hoje na era dourada da inovação. Existem milhares de oportunidades, geradas por toda a ruptura que estamos vivendo. Trata-se de uma revolução emergente. As inovações vão continuar surgindo de baixo para cima, dos empreendedores para a sociedade.

A decisão que você deve tomar é muito simples: quer estar ativamente criando o futuro para as próximas gerações ou continuar atuando em um modelo que foi montado no século retrasado?

DIFERENCIAÇÃO É SOBREVIVÊNCIA, E O UNIVERSO QUER QUE VOCÊ SEJA TÍPICO[8]

Em abril de 2021, Jeff Bezos encerrou a carta de despedida como CEO da Amazon com a frase acima. Ele se inspirou no autor Richard Dawkins (que recomendo muito), na seguinte passagem do livro *O relojoeiro cego:*[9]

> Evitar a morte é algo que você precisa trabalhar. Deixado sozinho – e é isso que acontece quando morre – o corpo tende a estabelecer um estado de equilíbrio com o seu ambiente. Se você medir a temperatura, acidez, a quantidade de água ou o potencial elétrico de um corpo vivo, você vai tipicamente notar que é distintivamente diferente do ambiente em que ele está inserido. Nossos corpos, por exemplo, são normalmente mais quentes que o nosso ambiente, e em ambientes

---

8 BEZOS, J. P. 2020 letter to shareholders. **Amazon**, 2020. Disponível em: www.aboutamazon.com/news/company-news/2020-letter-to-shareholders. Acesso em: 18 maio 2024.

9 DAWKINS, R. **O relojoeiro cego**: a teoria da evolução contra o desígnio divino. São Paulo: Companhia das Letras, 2003.

frios ele precisa trabalhar duro para manter essa diferença. Quando morremos, o trabalho acaba, a diferença de temperatura começa a desaparecer e acabamos na mesma temperatura do nosso ambiente. Nem todos os animais trabalham tão duro para manter a temperatura em equilíbrio com o ambiente, mas todos os animais fazem um trabalho comparável. Por exemplo, em um ambiente seco, os animais e plantas trabalham para manter o conteúdo de fluidos nas suas células, trabalhando contra a tendência natural da água fluir de seus corpos para o mundo exterior seco. Se eles falham, eles morrem. De maneira geral, se os seres vivos não trabalham ativamente para prevenir que isso aconteça, eles eventualmente vão fundir-se com seu ambiente natural e deixar de existir enquanto seres autônomos. É isso que acontece quando eles morrem.

Segundo Bezos, a frase não tinha o objetivo de ser uma metáfora no livro de Dawkins, mas, se pensarmos como tal, torna-se extremamente poderosa. E tem muita relação com o que estamos discutindo neste livro.

O mundo quer que você fique em casa assistindo a serviços de streaming, que fique entrando em debates infinitos nas redes sociais com pessoas que você nem conhece. Nossos impulsos dizem que devemos evitar o estresse, fazer coisas que não nos dão medo e obedecer. Qualquer movimento que se diferencie do que todo mundo faz é visto de maneira estranha pelo ambiente. Nossa autocrítica funciona em rotação máxima. A síndrome do impostor surge em piloto automático.

Assim como os animais precisam lutar para se manter vivos, não importa o ambiente, você também precisa lutar para se manter criando, construindo. É preciso se rebelar contra as convenções que dizem o que é "normal".

Em um mundo no qual a inteligência artificial está ganhando espaço em todas as áreas do conhecimento, inclusive na arte, onde existem pessoas discutindo como editar genes humanos para evitar doenças ou injetar informações de RNA para que as células se protejam da maior epidemia deste século, o que deveria ser considerado normal?

Normal é ficar de cabeça baixa, "cuidando da carreira", enquanto tem acesso a ferramentas completamente novas para resolver os maiores problemas da humanidade? E mesmo que você não embarque em um projeto para alterar seu DNA, existem milhares de opções nas quais pode colocar seus pontos fortes para funcionar.

É como se a maioria das pessoas estivesse fazendo as mesmas coisas de sempre sem pensar no porquê, sem questionar o que de fato vai fazer a vida ter mais significado e prazer. E isso não é algo de que deveríamos nos envergonhar. O ser humano tem o comportamento em grupo enraizado no próprio sistema operacional.

Existem diversos estudos que mostram como estamos suscetíveis ao comportamento do grupo em que estamos inseridos. Um dos fenômenos mais interessantes é chamado de efeito Asch, batizado em homenagem ao pesquisador polonês e pioneiro em psicologia social Solomon Asch.[10] Esse efeito diz respeito à nossa

---

10 EQUIPE EDC. O Estudo Científico de Solomon Asch: Conformidade e Influência Social. **Epicentro do conhecimento**, 22 fev. 2024. Disponível em: https://epicentrodoconhecimento.com/o-estudo-cientifico-de-solomon-asch-conformidade-e-influencia-social/. Acesso em:19 jun. 2024.

tendência à conformidade. O comportamento do grupo em que estamos inseridos influencia nosso comportamento como indivíduo, mesmo que a opinião do grupo esteja claramente errada.

É muito difícil pensar de maneira independente. Frequentemente converso com empreendedores que decidiram fazer algo diferente do que era esperado. Essas pessoas são questionadas por todo o círculo social. Por que arriscar "tudo"? E se der errado? Várias dessas pessoas abandonam projetos. Em geral, a razão disso é a dificuldade de lidar com a divergência em relação às normas estabelecidas. Ninguém gosta de estar fora do clubinho ou de descobrir que houve uma festa da qual todos participaram, mas alguns não foram convidados.

Muitos anos atrás eu assisti ao filme *O Expresso da meia-noite*[11] (este eu recomendo!). Uma cena em particular pode ser utilizada como uma metáfora para o que estamos falando aqui. O protagonista é pego contrabandeando haxixe na Turquia e colocado em uma prisão de segurança máxima. Lá, ele é submetido a todo tipo de maus-tratos. Em determinado momento, é colocado na ala dos prisioneiros com doenças mentais. Em um porão escuro, dezenas de pessoas andam em círculos ao redor de uma coluna, sem parar. O protagonista, depois de andar um pouco com os demais, decide romper o padrão. Ele inverte a ordem e começa a andar para o outro lado, trombando com os demais. Esse é o momento em que ele se dá conta de que não pode mais aceitar aquela realidade e decide fazer algo a respeito. O filme mostra fisicamente a transformação mental do personagem.

---

11 O EXPRESSO da meia-noite. Direção: Alan Parker. EUA, Casablanca Filmworks, 1978. Vídeo (120 min). Disponível em: https://www.primevideo.com/-/pt/detail/O-Expresso-Da-Meia-Noite/0TAB5SPGW0HQ1ZHBDPPKLYHDKV. Acesso em: 28 jun. 2024.

Quando você decide rodar no sentido contrário, invariavelmente leva trombadas. Se estiver preparado e entender claramente o que vai acontecer, a jornada fica mais fácil.

Conviver com paradoxos é algo que está intimamente ligado à inovação. E à inteligência. Esse é um perfeito paradoxo. Queremos evitar todas essas sensações inconvenientes e ao mesmo tempo queremos nos sentir vivos, nos atirar ao desconhecido. Saber lidar com essas duas forças opostas é algo que está ligado ao que significa ser humano.

Eu convido você a refletir sobre tudo aquilo que hoje é aceito como verdade nos círculos em que se insere. Será que você realmente pensa igual ao seu grupo? Talvez você seja mais feliz ao pensar e nadar **contra a corrente**, como no meu caso.

É normal se deparar com uma vontade quase irresistível de criar algo novo e, ao mesmo tempo, desmerecê-la, como se fosse algo que não deveria sentir. Algo que não é normal. Muitas vezes, criamos desculpas para evitar a decisão de dar o próximo passo. Eu chamo essas desculpas de fantasmas anticriação. No próximo capítulo, vamos explorar juntos cada um desses fantasmas. Tenho certeza de que alguns soarão familiares.

2.
NOSSOS FANTASMAS
ANTICRIAÇÃO

O ser humano é muito bom em racionalizar os motivos para não fazer alguma coisa. Não raro, encontramos desculpas consistentes e bastante persuasivas para se afastar de impulsos criativos. Neste capítulo, vamos explorar isso com mais profundidade. Mesmo que você ainda decida não ir em frente com seus projetos, espero que pelo menos reflita sobre as verdadeiras razões por trás de suas decisões.

Semanalmente, converso com diversas pessoas que querem criar novos negócios, e é possível perceber padrões em sua forma de pensar. Os obstáculos criados são muito parecidos. Desde como lidam com o medo de falhar até argumentos para postergar as ações mais importantes. Nas próximas páginas, vamos falar honestamente de cada um desses argumentos e como criar uma narrativa diferente, que favoreça o que você quer realmente fazer.

Agora, queria começar falando sobre Tope Awotona.[12] Ele nasceu e foi criado em Lagos, a maior cidade da Nigéria. Mudou-se para os Estados Unidos ainda adolescente, entrando na Universidade da Geórgia na sequência. Mesmo fora do eixo do Vale do Silício e não sendo um desenvolvedor de software, Awotona

---

12 CONHEÇA Tope Awotone, o empreendedor por trás do Calendly. **StartSe**© Disponível em: https://www.startse.com/artigos/conheca-tope-awotona-o-empreendedor-por-tras-do-calendly/. Acesso em:19 jun. 2024.

decidiu iniciar no mercado de tecnologia, começando na área de vendas da centenária IBM.

Determinado a se tornar empreendedor, Awotona começou a criar negócios nas horas vagas.[13] Mantendo os custos baixos, buscou criar um colchão financeiro, guardando cada bônus e comissão que recebia. O primeiro negócio dele foi inspirado nos sites de encontros on-line. Não deu certo. Na sequência, ele lançou outros dois negócios que também não funcionaram. Um deles se chamava ProjectorSpot, que vendia... adivinhe? Projetores. As margens inviabilizaram o negócio. O outro projeto era especializado na venda de equipamentos para jardim, chamado YardSteals. Awotona enfrentou problemas semelhantes e desistiu. Além disso, descobriu algo em comum entre os três projetos: ele não se importava com os produtos e mercados onde atuava. O objetivo era um só: ganhar dinheiro. Ele então entendeu que essa era uma das razões pelas quais os projetos não estavam funcionando.

Na época, Awotona estava trabalhando na Dell EMC e continuava uma trajetória corporativa de sucesso. Foi quando teve uma inspiração. Percebeu quanto tempo e energia gastava para agendar reuniões com clientes. Um mandava uma data, o outro não podia. Eram diversas trocas de e-mails e convites. Isso sem falar dos reagendamentos. Quando tentou usar as ferramentas disponíveis na época para facilitar o processo, percebeu que eram muito complexas e ineficientes. Ele finalmente tinha descoberto um problema real. Um problema que vivia diariamente.

---

13 SHEN, L. Meet the unicorn founder that braved war zones and missed meetings to make his mark on the startup world. **Fortune**, 19 nov. 2020. Disponível em: https://fortune.com/2020/11/19/calendly-founder-tope-awotona-startup -unicorn. Acesso em: 18 maio 2024.

Awotona decidiu que aquele seria o próximo negócio. Batizou a empresa de Calendly e começou o projeto nas horas vagas. Como não era desenvolvedor, ele enfrentou todo tipo de dificuldade. Chegou a ir à Ucrânia, em meio aos conflitos armados de 2014, para encontrar uma empresa em Kiev que o ajudasse no desenvolvimento do produto. Conseguia ouvir os tiros ao fundo, enquanto estava no país negociando com empresas locais.

Para financiar o negócio, ele também enfrentou desafios consideráveis por não estar no eixo do Vale do Silício. Pegou todo o dinheiro que tinha, se endividou e decidiu financiar o negócio da maneira mais tradicional do mundo: com os próprios clientes. O produto era bastante simples: qualquer um poderia integrá-lo à plataforma de agenda (Google ou Microsoft) e mandar um link para outras pessoas, que poderiam agendar diretamente uma reunião nos espaços livres predefinidos por quem tinha mandado o link. Rapidamente o produto ganhou tração entre as startups do Vale do Silício e se expandiu para outros mercados. Na sequência, Awotona criou um plano pago e começou a crescer em receita. Em 2015, a empresa já apresentava uma pequena lucratividade.[14]

O Calendly hoje vale aproximadamente 3 bilhões de dólares. Os investidores não só passaram a considerar a empresa como uma das mais relevantes do setor como também investiram 350 milhões de dólares na companhia. Eu sou um dos usuários da plataforma há mais de cinco anos e adoro o produto. Uso praticamente todo dia, assim como milhares de pessoas no mundo.

---

14 LATKA, N. Full case study: Calendly's journey to a $ 3B valuation. **LATKA, B2B SaaS Blog**, 27 fev. 2021. Disponível em: https://blog.getlatka.com/calendly-tope. Acesso em: 18 maio 2024.

Tope Awotona contrariou tudo o que sabemos do mercado das startups. E ele tinha todas as razões para não perseguir esses objetivos:

◊ Não tinha relacionamentos no Vale do Silício;
◊ Os investidores não achavam que o negócio dele poderia dar certo (teve de contar somente com as próprias economias);
◊ Era estrangeiro;
◊ Não sabia desenvolver software.

Mesmo indo contra a corrente, ele conseguiu criar um negócio de alto impacto no mundo inteiro, começando com um problema real que enfrentava no dia a dia. Histórias como essa são muito mais comuns do que imaginamos.

Milhões de pessoas decidem ir atrás daquilo que realmente querem fazer, apesar de todos os obstáculos. Outras milhares optam por ignorar esses impulsos e tocar a vida da forma como foi pré-estabelecido por terceiros. E a maioria dessas pessoas foi abraçada por alguns dos fantasmas dos quais vamos falar a seguir. Todos somos assombrados por eles, inclusive Tope Awotona. A diferença é que algumas pessoas conseguem fugir dessas narrativas e criar algo de valor.

OS FANTASMAS ANTICRIAÇÃO

Acontece com todos. Somos bombardeados com ideias e sonhos dos outros o tempo todo. Com todo esse ruído, é difícil se atentar ao que realmente se quer fazer. Ou, melhor, o que se **precisa** fazer. Você sabe do que estou falando.

E é aí que entra um dos grandes talentos humanos: contar histórias. Nossa espécie deu enormes saltos evolutivos quando desenvolveu a capacidade de utilizar narrativas, especialmente no contexto do círculo social. A forma como colaboramos uns com os outros está intimamente ligada a essa capacidade. Usamos essas narrativas para entender o mundo e criar sentido naquilo que fazemos. Parece bom, não? E é!

As histórias que contamos fazem parte de nossa personalidade, nos ajudam a lidar com a realidade e podem ser uma força extremamente positiva, levando-nos na direção de nossos objetivos. No mundo do empreendedorismo, por exemplo, pode ser uma ferramenta importante para alinhar, entre todos envolvidos, a visão do que se quer criar.

O problema é quando essas histórias começam a atrapalhar e se colocar entre nós e nossos projetos. Essa é uma realidade muito comum, infelizmente. Na sequência, vou dar diversos exemplos de narrativas. Para saber se isso é verdadeiro em seu caso, apenas uma pessoa pode fazer esse diagnóstico: você mesmo. Portanto, se realmente quer colocar alguma coisa sua no mundo, o grande desafio é saber ouvir o que você realmente deseja e qual é a intensidade desse impulso.

Por exemplo, uma coisa é você se preocupar com o meio ambiente, reciclar seu lixo, e prestar atenção no que consome. Outra coisa é entrar de cabeça nessa causa, talvez até dedicar a maioria de seu tempo a isso. Talvez isso se traduza em uma ONG, startup ou outro tipo de projeto. Mas só você vai conseguir saber se está no primeiro ou no segundo grupo. Ninguém vai fazer isso por você. E não existe uma escolha "correta", mas sim uma que faça sentido no seu contexto.

O objetivo deste livro é falar com quem está no segundo grupo: pessoas que querem fazer alguma coisa, mas por alguma razão ainda não começaram a agir. No ótimo livro *A guerra da arte*,[15] Steven Pressfield, autor de diversos best-sellers de ficção, nomeou de "resistência" o sentimento que normalmente nos impede de avançar. Segundo ele, a resistência pode se manifestar de várias formas. Pode orbitar a síndrome do impostor ou simplesmente manifestar em coisas que façam postergar um projeto.

Eu gosto de chamar essas manifestações de fantasmas, pois, embora relativamente convincentes para o mundo exterior, elas são, na verdade, produto do medo e surgem como fantasmas, transformando esses medos em racionalizações convincentes. E são realmente muito convincentes. Ao mesmo tempo, é justamente nesses momentos que você pode entender o tamanho da sua ambição ou a manifestação da vontade do que deveria de fato estar fazendo.

A seguir, eu reuni algumas das narrativas mais comuns e os antídotos que entendo fazerem sentido para cada uma. Essa lista não tem o objetivo de cobrir todos os fantasmas existentes. Você pode ter criado seu próprio fantasma e o adaptado à sua realidade, mas tenho certeza de que os mais comuns estão aqui.

O fantasma do medo de dar errado

Coloquei esse fantasma em primeiro lugar porque acredito que seja o mais comum. As pessoas normalmente não vêm até mim com esse medo explícito. Ele é mais sutil, geralmente representado com compromissos pela metade, excesso de planos B e pouca ousadia naquilo que estão fazendo.

Esse fantasma está intimamente ligado à imagem que você tem de si mesmo e ao confronto dessa imagem com o mundo real. E o

---

15 PRESSFIELD, S. **A guerra da arte:** supere os bloqueios e vença suas batalhas interiores de criatividade. Rio de Janeiro: Ediouro, 2005.

mundo real pode ser brutal! Com ele, você fica fantasiando como seria se colocasse aquele projeto no ar. Mas e se não acontecer do jeito que você idealiza? O que acontece com sua autoimagem?

Outro fator importante é a insegurança financeira. A preocupação de não ter como pagar as contas é legítima e deve ser considerada de maneira bastante séria ao se iniciar um projeto. E não estou aconselhando qualquer tipo de estratégia *kamikaze* aqui. No entanto, você precisa pensar o quanto desse receio ecoa com a realidade, especialmente considerando que a maior parte dos projetos não precisa ser iniciada com um comprometimento exclusivo.

Existem técnicas para testar e validar projetos antes de entrar de cabeça, como foi o caso de Tope Awotona. Mas, antes de pensar em soluções, vamos explorar um pouco mais esse medo. Dar errado não está ligado apenas ao aspecto financeiro, mas a seu ego.

A maior parte das pessoas tem dificuldade de separar o projeto da própria identidade. É difícil mesmo, pois ele parte de algo muito íntimo, de uma manifestação interna. Ao colocar essa manifestação no mundo, é comum confundir o desfecho do projeto com a própria identidade.

Se as coisas não acontecem da forma que você previu, provavelmente vai se sentir uma fraude. E eu arriscaria dizer que a grande maioria das pessoas tem essa insegurança em maior ou menor grau. Ou seja, não é só você!

Vamos tentar separar em partes, para ajudar você a organizar seus pensamentos.

◊ Medo de não ter como pagar as contas

Como falei, esse medo é legítimo e precisa ser endereçado cedo no processo. Vamos ampliar esse tópico mais para frente, porém existem dois elementos a se considerar quando o assunto é o medo financeiro. Em primeiro lugar, na maioria das vezes você não precisa abandonar sua atividade principal para colocar seu projeto no mundo. Só isso já elimina muito do problema. A questão-chave é não cair na armadilha do próximo passo. Ou seja, não ficar indefinidamente no estado de testes.

É fundamental criar regras claras logo no início. Uma combinação com você mesmo quanto ao momento de entrar de cabeça e adotar a nova atividade como algo principal em sua vida. **Eu recomendo definir e escrever esse momento como um número**. E olhar constantemente para ele. Pode ser valor de faturamento mensal, número de clientes, o que significar para você que o risco financeiro de entrar de cabeça nesse projeto é aceitável. E vamos lembrar que o risco faz parte do jogo. É impossível eliminar o risco, mas é possível administrá-lo.

Agora, se você quiser entrar de cabeça no projeto e fizer sentido realmente adotá-lo como atividade principal na largada, eu tenho outro conselho. Na verdade, são dois conselhos: em primeiro lugar, recomendo baixar consideravelmente seus custos mensais. Isso vai reduzir bastante sua ansiedade. Em segundo lugar, recomendo que você tenha cerca de dois anos de despesas cobertos por suas economias, já com base no novo orçamento. Isso vai tornar essa questão mais resolvida em sua cabeça. A ideia de ficar dois anos afastado do mercado de trabalho, tocando o próprio projeto, pode assustar algumas pessoas. Mas acredito que as empresas cada vez mais valorizam profissionais com bagagem empreendedora. Isso pode significar que você está aumentando sua competitividade e, caso decida voltar ao mercado, ainda terá oportunidades. Ainda assim, existe uma boa possibilidade de você não querer mais voltar ao mercado depois de dois anos envolvido em seu projeto.

É importante lembrar que o salário pingando todo mês na conta exerce um poder grande no processo decisório. Eliminar essa sensação, mesmo que com uma reserva de dois anos, pode trazer à tona sentimentos desagradáveis. Quase como uma síndrome de abstinência. Prepare-se para isso. Resumindo, você não precisa largar tudo e mergulhar de cabeça. Mas, se optar por isso, crie um colchão de reserva antes.

◊ **Medo de ser um fracasso ou de ser percebido como um fracasso**

Colocamos muito peso no que os outros pensam. Isso é natural e faz parte da maneira como o cérebro humano foi construído. Quem não se preocupa com o que os demais vão achar é uma anomalia, e não algo a ser perseguido. Todos lutamos com isso. Quando escrevo um post no LinkedIn, recebo dezenas de comentários positivos, mas se um deles fala algo negativo provavelmente é nele que vou passar grande parte de meu tempo refletindo. Somos seres sociais, e isso faz parte do nosso software mental. O mais importante é ter consciência disso e saber que essa funcionalidade do cérebro não foi construída para o mundo moderno, então ela acaba virando um bug com bastante frequência.

É claro que as primeiras versões dos projetos que você está tentando fazer não farão jus ao que foi idealizado. É sempre

Nossos fantasmas anticriação **47**

assim. Porém, o ato de colocar algo no mundo já eleva você para outra categoria. O próximo passo é ainda mais difícil: melhorar e criar novas versões enquanto o mundo está assistindo (e criticando). Quem vence essa segunda barreira tem uma grande vantagem competitiva, pois a esmagadora maioria das pessoas nunca chega até ali.

Será mesmo que as pessoas estão julgando você o tempo todo? A verdade é que todo mundo está muito ocupado vivendo a própria vida, e os projetos que você cria não estão entre as suas prioridades. Ou seja, o fantasma está mais em sua cabeça do que na realidade. Outro ponto fundamental é entender que você não é seu projeto. Você aprende, muda, se adapta. O projeto lançado é um fragmento pequeno de sua identidade manifestada no mundo exterior, mas não é você. Dando certo ou errado, isso não muda quem você é ou seu valor.

A única pessoa que tem a régua que mede o que é valor e sucesso é você. O olhar externo não consegue mudar isso. É fácil olhar a fotografia, e não o filme. Seu projeto lançado é apenas a primeira versão, o primeiro teste que você está fazendo. O filme é sua capacidade de aprender, validar, adaptar-se e construir ao longo do tempo. E é aí que reside a verdadeira força de qualquer pessoa que queira colocar a própria marca no mundo. Vamos enxergar o filme. E só quem vê o filme é você. Não faz sentido fazer algo menor, mais contido, porque você tem medo. Você receberá julgamentos, críticas e afins, independentemente do que fizer. Isso acontece porque você decidiu estar na pequena parcela da população que vai criar. Então coloque sua verdadeira expressão na rua, sem medo. **E seja seu único juiz**.

O fantasma da falta de tempo

"Eu não tenho tempo para dedicar a esse projeto". Já ouvi essa frase incontáveis vezes. Em primeiro lugar, o tempo é a coisa mais democrática que existe – e a mais valiosa. Todos têm exatamente o mesmo tempo, rico ou pobre. As fatídicas mesmas 24 horas do dia. Os mesmos sete dias por semana. Os mesmos 365 dias ao ano. A pergunta que temos de fazer é: como algumas pessoas conseguem coisas incríveis com esse tempo e outras não?

Não ter tempo é uma falácia. Todos vamos morrer um dia, e ninguém sabe quando esse dia vai chegar. Essa é uma verdade absoluta, então todos temos exatamente o mesmo dilema. Como investir o único recurso que não tem como pegar de volta? Dinheiro sempre se pode ganhar mais. Tempo, não.

Então a verdadeira questão é: como você está usando o tempo que tem? Ele está sendo aplicado a suas prioridades? **Dizer que não tem tempo, por mais duro que possa parecer, significa que você está priorizando outras coisas**. Essas coisas podem ser tempo com a família, assistir TV, trabalhar, basicamente qualquer coisa.

Quando ouço alguém dizer que não tem tempo, o que interpreto é que o projeto não é uma prioridade. E, se não é uma prioridade na vida, provavelmente não deveria ser feito. A vida é muito curta para colocar energia em coisas secundárias. Se for algo importante, algo que seja preciso fazer, haverá uma forma.

Meu papel aqui não é dar dicas de como encontrar tempo, e sim confrontar a realidade nua e crua: todos temos o mesmo tempo. O que você resolveu fazer com o seu? Se no fim do dia você decidir que não vale a pena investir no projeto que idealizou, talvez ele não seja tão importante assim.

Nossos fantasmas anticriação **49**

O fantasma dos filhos

Eu tenho dois filhos, que são a melhor parte de minha vida. Faria tudo por eles, sem pestanejar. É algo intimamente programado em nossa existência. Entendo completamente quando alguém fala que precisa priorizar os filhos e garantir a subsistência deles. Somos programados para isso. Muita gente deixa de executar projetos usando os filhos como motivo. Esse talvez seja o mais delicado dos tópicos, então quero fazer um exercício com você.

Vinte anos se passaram. Sua filha está na faculdade, e você a leva para tomar uma cerveja e conversar sobre a vida. Como você quer que essa conversa aconteça? Um caminho é mostrar todos os sacrifícios que você fez para proporcionar tudo o que ela tem. Você enterrou seus sonhos e projetos por ela. O que você espera dessa interação? Gratidão?

Outra conversa é a que busco em minha própria vida. Prefiro ser exemplo para meus filhos. A história que eu quero que se desenrole é a de que, nos vinte anos que se passaram, eu fui atrás daquilo em que acreditava. Sim, fiz sacrifícios. Talvez eles tenham menos coisas do que os amigos, mas vão ter nossa história como exemplo na própria vida.

Eu quero que essa conversa com minha filha seja alegre, que falemos de tudo que passamos juntos e dos sonhos e projetos que ela tem. E como ela também pode colocar a própria marca no mundo, da maneira que ela quiser.

Eu quero ser um exemplo para meus filhos. Exemplo de quem não desperdiçou anos vivendo sonhos de terceiros. Exemplo de quem pode ter passado dificuldades financeiras para ir atrás do que acreditava, mas que viveu a sensação de dar uma chance às próprias ideias. Não quero ter a sensação de que eles me devem alguma coisa daqui a alguns anos. Quem deve sou eu. Não use seus filhos como álibis para seus medos nem como desculpa para não fazer o que precisa.

No fim do dia, eu acredito que as crianças não precisam de escolas trilíngues, viagens e brinquedos caros. Elas precisam da família. Precisam da convivência e do amor incondicional. Só querem a participação do pai e da mãe. E isso não há dinheiro que compre. É o investimento do único ativo que não pode ser comprado: seu tempo.

É possível criar uma vida em que você persegue seus sonhos e se energiza com a companhia de sua família. Não é fácil equilibrar tudo isso, especialmente se você está empreendendo, mas pode ser equacionado se você colocar as prioridades em ordem.

O fantasma da ideia que não chegou

Sabe aquela sensação boa de planejar as férias? É uma injeção maravilhosa de dopamina. Traz bem-estar e torna muito mais fácil lidar com a realidade atual. Muitas vezes é melhor do que a própria viagem. Muita gente sente a mesma coisa quando fala dos próprios projetos. Discutir com alguém o fato de você estar querendo tirar algo do papel pode dar a mesma sensação.

Muita gente gosta de fazer esse exercício com diferentes ideias. Eu não sou diferente. Adoro ter ideias, e escrevo todas que me vêm à mente. Algumas coloco em prática, outras não.

Quando isso se torna um problema? Quando esse exercício se torna interminável e acaba virando uma desculpa para não agir. Muita gente com quem converso fala que vai empreender quando tiver a ideia certa. Tenho uma má notícia: **não existe a ideia certa**.

Uma ideia é exatamente o que o nome diz: uma ideia. Não é um projeto, não é um plano, é apenas uma faísca. Essa faísca pode virar

Nossos fantasmas anticriação **51**

uma fogueira ou simplesmente se apagar em um segundo. Em si, ideias têm pouco valor. Elas só fazem a diferença quando são colocadas em prática. A mágica só acontece quando a ideia entra em contato com o mundo. E o resultado desse contato é a materialização do projeto.

Raramente uma ideia permanece intacta quando entra em contato com a realidade. Esse contato pode ser frustrante, dependendo de como você investiu sua energia na execução dessa ideia. O cérebro começa a dizer que não deu certo. E isso não poderia ser mais dissociado da realidade.

Nenhuma ideia dá certo ou errado. Ideias são apenas inspirações, hipóteses. No mundo das startups, costuma-se dizer que empreendedores devem se apaixonar pelo problema. Foi exatamente esse o caso de Tope Awotona com o Calendly.

Não é raro empreendedores que inicialmente perseguem uma ideia mudarem para outra completamente diferente. A ideia inicial do Twitter se chamava Odeo e seria uma plataforma para podcasts. O Slack, ferramenta de comunicação corporativa, iniciou como um jogo on-line chamado Neverending.[16] São negócios completamente diferentes da ideia original. Isso faz parte do jogo.

Descobri, ao longo dos anos, que gosto de colocar negócios para rodar. É claro que preciso ter alguma afinidade com o tema com que estou trabalhando, mas o que mais me motiva é ver um negócio se tornar realidade. Independentemente da ideia. E só descobri isso fazendo.

Provavelmente esperar uma ideia maravilhosa seja uma forma que você encontrou de se proteger da frustração que é o contato

---

16 LUMB, D. This story about Slack's founder says everything you need to know about him. **Fast Company**, 2 dez. 2014. Disponível em: www.fastcompany. com/3026418/this-story-about-slacks-founder-says-everything-you-need-to-know -about-him. Acesso em: 19 maio 2024.

com a realidade. Se for isso, o antídoto é listar todas as ideias e os problemas que você quer resolver, escolher a que você acredita ser a mais promissora e começar a conversar com potenciais clientes. Essas conversas podem ajudar a entender melhor o problema. E provavelmente causarão mudanças em sua ideia. Isso faz parte do jogo.

CHAMANDO OS CAÇA-FANTASMAS

A capacidade de criar obstáculos para fazer o que se quer, ou o que se deve, é praticamente infinita. O importante é separar os fantasmas do desejo e impulso de criar. O medo é uma das emoções mais fortes e pode paralisar qualquer pessoa. Theodore Roosevelt, no famoso discurso "O homem na arena",[17] proferido em 1910 em Sorbonne, resume muito bem a forma como podemos enxergar esses fantasmas:

> *Não é o crítico que importa; nem aquele que aponta onde foi que o homem tropeçou ou como o autor das façanhas poderia ter feito melhor. O crédito pertence ao homem que está por inteiro na arena da vida, cujo rosto está manchado de poeira, suor e sangue; que luta bravamente; que erra, que decepciona, porque não há esforço sem erros e decepções; mas que, na verdade, se empenha em seus feitos; que conhece o entusiasmo, as grandes paixões; que se entrega a uma causa digna; que, na melhor das hipóteses, conhece no final o triunfo da grande conquista e que, na pior, se fracassar, ao menos fracassa ousando grandemente.*

---

17 ROOSEVELT, T. Man in the arena speech. **World Future Fund**, 1910. Disponível em: http://www.worldfuturefund.org/Documents/maninarena.htm. Acesso em: 19 maio 2024.

Roosevelt está contando para si mesmo uma história que faz sentido para o impulsionar na direção do que quer fazer. Esse é muito mais um recado para ele mesmo do que para o restante do mundo.

Se somos movidos por histórias, é possível contar uma história que faça sentido e ajude a dar os passos necessários para a concretização dos projetos. Muitas vezes, você leva a sério demais esses fantasmas, que são manifestados como histórias no cérebro. Quando percebe que são apenas histórias, fica mais fácil criar o distanciamento necessário para mudá-las.

Mais importante do que os críticos ou o medo de falhar é o fato de você efetivamente ter entrado na arena e dado seu melhor. Se for para fracassar, que seja ousando e pensando grande. É dessa história que você precisa.

Coloque no papel seus fantasmas, olhe para eles de frente. Entenda o que eles estão dizendo de fato para você. **Pese sua vontade de fazer, entenda se está disposto a pagar o preço**. Entenda se essa vontade, esse impulso, é mais forte que qualquer um de seus fantasmas. E então chame seus caça-fantasmas mentais, capture-os e os coloque de lado, na caixinha que merecem. Substitua-os pela história que você acha que vai ajudar.

E prepare-se para entrar na arena.

3.

O MUNDO É UM PARQUE DE DIVERSÕES PARA QUEM QUER CRIAR

magine ter como investidores em seu projeto personalidades como Jorge Paulo Lemann, XP Investimentos, Gerdau, DASA e milhares de pessoas físicas espalhadas pelo Brasil e pelo mundo. Imagine uma gestão profissionalizada, com processos claros e visão de cem anos.

E se eu disser que esse negócio não dá lucro? Você vai dizer: lá vem o Pedro falar de startups. Na verdade, esse negócio, em particular, foi desenhado para não dar lucro. Trata-se da ONG Gerando Falcões, criada e liderada por Eduardo Lyra.

Edu nasceu em uma favela em Guarulhos, São Paulo. Filho de pais pobres, enfrentou muita dificuldade. E essas dificuldades o tornaram obcecado por um problema: como mudar a realidade das favelas? A resposta se tornou evidente para Edu enquanto ele se debruçava no problema. A solução estava em garantir que os talentos das favelas fossem formados para liderar e enxergar os problemas com a devida altitude. Daí a ideia dos Falcões.

Em 2011, Edu já estava bastante ativo no tema, com casos práticos de pessoas que conseguiram alçar voo. Ele lançou o livro *Jovens falcões*[18] e ganhou ainda mais notoriedade. Esse processo culminou no lançamento da organização Gerando Falcões. Edu continua acreditando que a educação e a inovação são fundamentais para erradicar a pobreza das favelas e tem o desafio de fazer isso nos próximos cem anos. Hoje

---

18 LYRA, E. **Jovens falcões**: o espírito transformador da juventude brasileira. São Paulo: Novo Século, 2013.

já está presente em quase mil favelas e criou um programa de formação de instrutores chamado Falcons University. Conta com um conselho profissional, metas e uma gestão de dar inveja na maioria das empresas.

Edu não criou um produto disruptivo nem um unicórnio. Ele criou uma organização que tem impacto direto na vida de milhares de pessoas pelo Brasil. E ele ainda não chegou nem perto da visão que estabeleceu para si mesmo.

Pessoas sempre falam do próprio idealismo ou impacto que querem ter no mundo. Apenas uma pequena parcela delas acaba transformando esse desejo em um projeto concreto. Os problemas e as oportunidades estão ao seu redor. O grande desafio não é encontrar projetos para fazer, é escolher os projetos que valem a pena a dedicação de mais de dez anos de sua vida. A Gerando Falcões é esse projeto para o Edu. Qual é o seu?

O mundo é um parque de diversões para quem quer criar. Para quem quer dar vida às ideias. Mas ainda existe quem afirma não ter encontrado a ideia certa. Este capítulo tem o objetivo de falar diretamente a essas pessoas.

ESSE PROJETO É PARA VOCÊ?

No capítulo anterior, falamos do fantasma da ideia que não chegou e de como essa desculpa pode atrasar projetos. Por outro lado, existem oportunidades em qualquer lugar. Literalmente em qualquer lugar. Antes de falar de oportunidades, é importante falar de você. Mais especificamente do quanto você se conhece.

Há alguns anos, o termo Product Market Fit (PMF – ajuste do produto ao mercado) se popularizou no Vale do Silício[19] e ganhou

---

19 GRIFFIN, T. 12 things about product-market fit. **Andreessen Horowitz**, 18 fev. 2017. Disponível em: https://future.a16z.com/about-product-market-fit. Acesso em: 19 maio 2024.

o mundo. Se refere ao momento em que o produto de uma startup realmente se conecta com os clientes. Quando fica mais fácil vender e retê-los. Para chegar lá, empreendedores fazem centenas de experimentos, testando hipóteses e aprendendo com cada ciclo de testes. Mais recentemente, o termo Founder Market Fit ganhou mais exposição. Se refere ao que vem antes do PMF, ou seja: será que esse time é o certo para encarar o desafio de ganhar esse mercado?

É justamente aí que você deve refletir com mais calma. **Acredito que empreender e criar não sejam atividades para todos. Aliás, são para poucos**. É claro que existem diversas formas de empreender, que serão discutidas no próximo capítulo, mas agora quero me concentrar em seu perfil.

Hoje, vivemos um paradoxo. Por um lado, nunca houve tantas ferramentas para autoconhecimento e, por outro, nunca existiu tanta desconexão da própria essência. Antes de perseguir qualquer projeto, o ideal primeiro é fazer uma busca interna, conhecendo-se melhor e entendendo as razões pelas quais **precisa** fazer isso. **Precisar, e não querer**. Isso vai poupar bastante energia e frustração mais para frente.

O objetivo aqui não é criar um guia para o autoconhecimento, e sim reforçar que esse deveria ser o primeiro passo. Uma ferramenta que eu adoro é o Crystal,[20] que utiliza inteligência artificial e diversos recursos para mapear a personalidade. Pode ser um bom ponto de partida. Terapia também é bastante útil para mergulhar em questões importantes. Por exemplo, eu fiz um trabalho de coaching que me ajudou bastante há alguns anos (e culminou no prefácio deste livro). Os recursos estão aí. Conhecer a si mesmo deveria ser a prioridade de qualquer pessoa.

---

20 CRYSTAL. Disponível em: https://www.crystalknows.com. Acesso em: 28 jun. 2024.

O mundo é um parque de diversões para quem quer criar **59**

O autoconhecimento ajuda a entender que tipo de projeto faz mais sentido. E esse sentido é o que vai manter você no rumo quando as coisas começarem a dar errado. A força de que você precisa para continuar vem da convicção que existe em seu propósito.

E é justamente por isso que não acredito no discurso oportunista de pegar as coisas que estão quentes no momento. "As criptomoedas são a nova grande oportunidade? Então vou criar um negócio nessa área". E quando você não conseguir contratar desenvolvedores? E quando a regulação mudar e colocar seu projeto em risco? São milhares de coisas que podem (e provavelmente vão) dar errado. Se aquilo não faz sentido além do dinheiro, raramente você manterá a motivação.

Você gosta de estar à mercê de levar um tiro? Dormir ao relento? Caminhar horas a fio carregando equipamentos no frio ou no calor extremos? Eu não gosto. Mas tem gente que adora. Tem gente que se alista no exército e passa por toda essa experiência, inclusive ganhando abaixo do salário de mercado. E com um sentimento de propósito muito acima da média. E você? Qual é o seu perfil? O que você adora, que a maioria das pessoas odeia? Talvez esse seja o superpoder que deveria ser cultivado.

Um bom ponto de partida pode ser perguntar qual é o seu perfil para pessoas em que você confia. O que elas acreditam que sejam seus talentos? Será que as pessoas que o conhecem profundamente enxergam em você o potencial empreendedor? Essa é uma atividade que pode gerar várias percepções interessantes e uma excelente oportunidade de confirmar suas impressões a respeito de seu perfil comportamental.

Entendendo isso, aguce o olhar para as oportunidades. Elas estão em toda parte. E não são apenas aquelas "ideias geniais" que podem mudar o mundo. Você pode escolher desafios mais mundanos e ter uma jornada maravilhosa. Não existem projetos melhores ou piores, apenas aqueles com os quais você realmente se identifica. Lembre-se: a vida é sua, e não dos outros.

O projeto precisa conversar com sua essência de alguma forma, então mergulhe em algumas das diversas maneiras que existem para encontrar oportunidades para criar algo novo.

SUAS PRÓPRIAS DORES

Essa é a forma mais comum para encontrar oportunidades, as quais muitas vezes caem em seu colo e você nem percebe. O importante é treinar o olhar e garantir que esteja com o radar ligado.

Um bom exercício é parar para pensar em todas as atividades que você fez no último mês e entender o nível de frustração que passou ao realizar cada uma delas. Essas atividades podem ser cotidianas, como fazer compras, ou corporativas, como no caso do Calendly, que vimos no capítulo anterior.

Pode-se argumentar que olhar para o próprio umbigo não é a melhor forma de avaliar oportunidades, pois o que importa é o que os clientes pensam. E não necessariamente todos pensam da mesma forma que você. Faz sentido. No entanto, há uma grande probabilidade de existir uma frustração em comum com mais pessoas. As ideias existem para serem refinadas. O que queremos agora é entender quais podem ter mais probabilidade de ser relevantes. E sua frustração é um ótimo indicador.

Ao mapear uma dor, recomendo listar os passos que você leva para resolver o problema e entender quais são as outras alternativas existentes no mercado, avaliando o custo de cada uma, bem como a efetividade para resolvê-lo.

O mundo é um parque de diversões para quem quer criar **61**

PROBLEMAS ÓBVIOS

Muitas vezes os problemas estão bem à sua frente. São tão grandes e óbvios que você não se dá conta. É comum achar que já estão sendo resolvidos e se surpreender quando não encontra nenhuma iniciativa relevante nesse sentido.

É o caso da malária, uma doença bastante antiga e conhecida. Hoje, em pleno século XXI, ela ainda mata quase meio milhão de pessoas todo ano na África,[21] quase metade delas crianças com menos de 5 anos. Ao considerar as principais causas de morte no continente africano, a malária está entre as dez maiores.

Foi pensando nesse problema de proporções continentais que a Bill & Melinda Gates Foundation dedicou energia e dinheiro. Conseguiram que os números declinassem de maneira considerável na última década, usando soluções criativas e simples como mosquiteiros, desenvolvimento de novos tratamentos e parceria com outras entidades como o Global Fund,[22] que recebeu bilhões de dólares da fundação.

Certamente Bill Gates tem alguns trocados a mais do que qualquer um de nós. Mas o ponto a que quero chegar aqui é que esse era um problema crítico, que precisava de foco e energia empreendedora. Na verdade, milhares de empreendedores se juntaram para encarar esse problema. O dinheiro ajuda, certamente, **mas a energia e a criatividade das pessoas envolvidas é o que faz realmente a diferença**. Essa oportunidade poderia ser facilmente identificada em uma lista simples das maiores causas de morte da África, por exemplo.

---

21 HONIGSBAUM, M. How do you solve a problem like malaria? **Bill & Melinda Gates Foundation's**, 11 nov. 2019. Disponível em: www.gatesfoundation.org/ideas/articles/advances-and-challenges-in-solving-global-malaria. Acesso em: 19 maio 2024.

22 THE GLOBAL FUND. 2024. Disponível em: www.theglobalfund.org/en. Acesso em: 19 maio 2024.

Quantas dessas listas estão bem à sua frente e você não para e olha com calma? Eu garanto que são várias, e a maioria está disponível para qualquer um estudar. **Não acredite que grandes problemas já estejam sendo solucionados a partir de relatos de terceiros**. Olhe com seus próprios olhos, entenda melhor o cenário e, quando você menos esperar, aparecerão oportunidades. Sabe aquela empresa que surge com um produto simples, que resolve algo que estava bem à sua frente? Pois é, **a maioria dos problemas que está à sua frente ainda não tem solução**.

Pense em um país como o Brasil, onde 35 milhões de pessoas não têm acesso à água potável e mais de 93 milhões de brasileiros (44%) não têm acesso à coleta de esgoto.[23] Problemas não faltam. Quando se trata de educação, o Brasil tem oportunidades em praticamente todas as áreas. Como comparativo, apenas 1% dos estudantes brasileiros está nos níveis 5 e 6 do Programa Internacional de Avaliação de Alunos (Pisa), o censo mundial da educação. Singapura tem 41% dos jovens nessa categoria e a Coreia do Sul, 23%. Se pegarmos qualquer indicador básico brasileiro, vamos nos deparar com enormes problemas a serem resolvidos por pessoas que estejam dispostas a encará-los.

INEFICIÊNCIAS FINANCEIRAS

"Sua margem é minha oportunidade". Essa frase célebre de Jeff Bezos[24] resume o ponto que quero considerar aqui. É muito co-

---

23 ESGOTO. **Trata Brasil**. c2024. Disponível em: https://tratabrasil.org.br/ principais-estatisticas/esgoto. Acesso em: 19 maio 2024.

24 LASHINSKY, A. Amazon's Jeff Bezos: The Ultimate Disrupter. **Fortune**, 16 nov. 2012. Disponível em: https://fortune.com/2012/11/16/amazons-jeff-bezos-the-ultimate-disrupter. Acesso em: 19 maio 2024.

mum encontrarmos distorções em setores derivadas da concentração do mercado na mão de poucas empresas, atuação excessiva dos reguladores e baixo interesse do mercado em setores específicos. O resultado da combinação de alguns desses fatores é a alta margem de alguns negócios.

E é justamente esse o contexto a que Bezos está se referindo com essa frase. Essas empresas acabam ficando muito grandes e complacentes com seus serviços. O mercado financeiro brasileiro é um ótimo exemplo disso. Durante anos, boa parte dos clientes estava concentrada nas mãos de poucos bancos de varejo em operação. Esses bancos concentravam em suas carteiras boa parte dos produtos financeiros disponíveis no mercado e cobravam taxas bastante altas.

A partir do esforço do regulador do setor em aumentar a competitividade, novas regras e capital de investidores de risco permitiram que empresas pudessem competir com os diferentes produtos dessas instituições. A XP Investimentos, por exemplo, ajudou a democratizar o acesso a produtos financeiros refinados para o investidor do varejo, enquanto o Nubank ofereceu, inicialmente, uma melhor experiência aos usuários de cartões de crédito.

O impacto da competição, nesse setor, ocasiona a erosão, no médio prazo, das margens das instituições financeiras incumbentes. Essa margem é capturada por serviços mais eficientes, com modelos de negócios criativos e especialização. Assim como na área financeira, diversos outros setores apresentam essa situação em maior ou menor grau. O setor de seguros no Brasil, por exemplo, está começando a passar pelo mesmo movimento. **A chave é estudar a cadeia e responder a uma pergunta simples: para onde está indo o dinheiro?** Ou seja, quais os competidores da cadeia que capturam boa parte do valor? E é aí onde estão as principais oportunidades.

DEMOCRATIZAÇÃO DE ACESSO

Há alguns anos, a maioria das pessoas que queria assistir a um filme utilizava serviços de TV a cabo, tendo que se adaptar ao horário em que o filme estava programado ou pagando a mais pelo *pay-per-view*. As locadoras de DVD eram uma opção para quem queria independência de horário. Além disso, existiam a TV aberta e o tradicional cinema.

Em poucos anos, os serviços de streaming, capitaneados pela Netflix, mudaram completamente esse cenário. Por uma fração do valor de uma assinatura de TV a cabo, os usuários desses serviços passaram a ter acesso instantâneo a um acervo enorme de conteúdo, dando origem a uma completa revolução no mercado audiovisual. Bilhões de dólares passaram a ser injetados no mercado, não apenas pelos estúdios tradicionais, mas também por grandes empresas de tecnologia como Amazon e Apple. Um filme de grande porte estrear em um serviço de streaming seria uma loucura há alguns anos. Hoje, não só essa é uma realidade como também essa categoria de conteúdo domina as principais premiações do mundo, como o Globo de Ouro e o Emmy.

Tudo isso começou com a democratização do acesso ao conteúdo. O racional era tão simples quanto oferecer conveniência e qualidade a quem não conseguia ter acesso. E esse é um olhar que podemos ter em praticamente qualquer setor. Basta fazer uma pergunta fundamental: **e se esse público tivesse a mesma qualidade de produto a que uma pequena e privilegiada parcela da população tem acesso**?

Se você identificou nesse discurso o modelo básico da disrupção, criado por Clayton Christensen,[25] não foi à toa. Essa é a fórmula clássica. Ela começa dando acesso a algo que as pessoas não

---

25 CHRISTENSEN, C. **Dilema da inovação**: quando novas tecnologias levam empresas ao fracasso. São Paulo: Makron Books, 2001.

têm hoje. Muitas vezes com qualidade abaixo do ideal, inicialmente, mas rapidamente melhorando o serviço e subindo aos poucos a escada do mercado, acessando novos públicos.

Outro exemplo são os softwares de gestão. Até pouco tempo atrás, os pequenos negócios tinham de se virar com planilhas, apoio de contadores, bancos e muita paciência para administrar o dia a dia das operações. Os melhores softwares de gestão eram restritos às grandes empresas, que podiam contratar a SAP e Oracle, por exemplo. As empresas de médio porte podiam contar com as entrantes nacionais, como a TOTVS. Mas e as pequenas?

Com a banda larga e a possibilidade de rodar aplicações na nuvem, soluções como Omie e Conta Azul surgiram como alternativa às tarefas manuais e à falta de precisão das soluções artesanais. Essas plataformas passaram a se integrar com os bancos, possibilitar emissão de notas fiscais e várias outras atividades que fazem parte da jornada dos pequenos empreendedores. Começaram com funcionalidades bastante restritas e básicas e foram aprendendo com o feedback dos clientes. Hoje são plataformas completas de gestão, acompanhadas por dezenas de outras.

Muitas vezes a democratização é destravada por alguma evolução tecnológica. A banda larga, por exemplo, possibilitou que milhões de pessoas tivessem acesso aos serviços de streaming. Que oportunidades de democratização você enxerga hoje no mercado? Quais serviços podem ser levados a um público muito maior por meio de sua criatividade e do uso da tecnologia?

MONOPÓLIOS: PEGANDO CARONA OU EXPLORANDO UM NICHO DE MERCADO

Se eu falasse que estou criando uma empresa para concorrer com o Google, o que você diria? A maior parte das pessoas diria que estou maluco. E se eu dissesse que vários empreendedores, no mundo inteiro, fazem isso e conseguem criar empresas relevantes?

Em 2000, o Google criou o serviço que mudou tudo: o Google Adwords. Usando a busca para resolver os problemas de bilhões de pessoas no dia a dia, passou a comercializar anúncios no contexto das buscas. A partir daí, a empresa se tornou uma verdadeira máquina de imprimir dinheiro no mercado publicitário mundial (e muito disso se deve à democratização de acesso).

Em seguida, a companhia começou a construir ferramentas para ajudar os anunciantes a entenderem os resultados das próprias campanhas. Em 2005 foi lançado o famoso Google Analytics, ferramenta que possibilita aos donos de sites entender como os usuários se comportam nas páginas, de onde vêm e muito mais. E tudo isso gratuitamente.

Mesmo assim, existem centenas de empresas que vendem (isso mesmo, vendem) soluções que se propõem a entregar *analytics* para gestores de websites. A pergunta é: como podem os clientes pagarem por algo a que podem ter acesso gratuitamente? É aí que entra a dominância de mercado. Quando uma empresa atinge um tamanho relevante, com milhões de clientes, as soluções passam a ser mais genéricas. Isso acontece porque precisam atender bem à grande maioria dos clientes. Não faz sentido atender somente a casos de uso específico. E é aí que entram os empreendedores de nicho.

Empresas como Mixpanel e Hotjar entregam as informações de uso de sites em outro nível, com diversas customizações e análises que o Google Analytics não consegue fazer. Isso porque se especializam em determinados tipos de cliente, muitas vezes refinados. A Hotjar, por exemplo, foi uma das pioneiras em gravar as sessões de uso de um usuário no site. É possível ver o mouse passando por cima dos elementos da tela e em quais pontos existem dúvidas por parte dos usuários. A maior parte dos usuários de *analytics* não quer essas informações nem saberia o que fazer com elas. Mas pessoas especializadas em aumentar a performance de sites precisam de toda ajuda possível.

É justamente isso que significa utilizar monopólios a nosso favor. Quanto maior é a empresa e maior é a penetração dela no mercado, maior é a oportunidade de encontrar nichos específicos mal atendidos. **E o melhor de tudo: a empresa não vai se interessar em competir com você nessas frentes. Ela tem outras preocupações**.

Outra forma de aproveitar empresas dominantes é utilizando-as como canal para seus produtos. No fim da década de 1990, o eBay era o site dominante em leilões on-line. Milhões de dólares trocavam de mãos todo dia pela plataforma. Aí veio a ideia da equipe do PayPal de utilizá-los como canal.[26] Empreendedores começaram a oferecer uma forma simples para garantir a segurança dos pagamentos, com a troca de um link. Rapidamente o produto foi adotado pelos usuários do eBay, fazendo a empresa de pagamentos crescer rapidamente. Hoje o valor de mercado do PayPal é muito maior que o do eBay.

Nem sempre um gigante é ameaçador. Você pode ser inteligente e aproveitar espaços não explorados propositalmente ou pegar carona em sua base de usuários.

Acompanhando a jornada de clientes

Esta é uma de minhas formas favoritas de ter ideias para novos negócios. É claro que ela depende de você já entender para quem quer

---

26 O'CONNELL, B. History of PayPal: timeline and facts. **The Street**, 2 jan. 2020. Disponível em: www.thestreet.com/technology/history-of-paypal-15062744. Acesso em: 19 maio 2024.

resolver problemas. Acompanhar pessoas e empresas ao longo da jornada de como fazem determinadas atividades é uma das formas mais simples de entender exatamente onde existe o problema.

Muitas vezes, cria-se uma ideia abstrata do que se está tentando resolver. Quando você mergulha na jornada, consegue ver por que aquilo é um problema e quais são as etapas da jornada que tornam essa atividade difícil. Fica claro não apenas quais são os caminhos práticos seguidos, mas também quais são os maiores picos de estresse e quais são as alternativas utilizadas hoje para resolver esses problemas.

Então pegue seu bloquinho e embarque na jornada com seus potenciais clientes. Faça perguntas, mas deixe-os livres para expressar como estão se sentindo e o que passa pela cabeça deles ao fazer cada uma das atividades. A beleza dessa prática é que você não precisa de uma amostragem muito grande para os padrões emergirem. Em pouco tempo, vai ficar bastante claro onde você deve se debruçar para eliminar ou melhorar etapas da jornada.

No mundo das startups, você não deve se apaixonar pela ideia, e sim pelos clientes ou pelos problemas deles. E é exatamente isso que essa abordagem proporciona. Vários dos produtos digitais que usamos hoje vieram desse acompanhamento da jornada dos clientes.

Já estão fazendo isso

Uma situação muito comum ao escolher ideias para perseguir é encontrar uma empresa que está fazendo exatamente a mesma coisa que iríamos fazer. Muita gente desiste ao se deparar com essa situação. Parece um balde de água fria. E volta-se à estaca zero.

Eu diria: pare, respire e analise a situação com calma.

O fato de já existir alguém tocando uma ideia não quer dizer que isso automaticamente reduz sua chance de sucesso com o projeto. Aliás, pode significar o contrário!

Alguns pontos para você refletir:

◊ São raríssimos os casos em que a dinâmica de mercado gera espaço para apenas um ou poucos concorrentes. Até mercados complexos e que apresentam claramente essa dinâmica, como o de mobilidade urbana, ainda apresentam ângulos possíveis de atuação. Mesmo com a dominância de empresas como Uber, Lyft e Didi, ainda existem formas de competir em nichos, criando soluções para ajudar a cadeia da mobilidade (aluguel de veículos e seguro-saúde para motoristas, por exemplo) ou simplesmente colocando um novo modelo de atuação que pode se tornar o vencedor.

◊ **Lembre-se de que o Facebook não foi a primeira rede social (muito menos o TikTok), o Google não foi o primeiro mecanismo de busca e a Apple não fez o primeiro smartphone. A inovação também serve para questionar os incumbentes e propor novas abordagens e soluções.**

◊ Muitas vezes, a existência de alguém atuando naquele mercado é um sinal de que existe demanda. Você já calculou o tamanho do mercado? Provavelmente aquela empresa ainda não atingiu sequer uma pequena fração do potencial.

◊ Às vezes olhamos superficialmente a outra empresa e chegamos a conclusões precipitadas. Será que esse suposto con-

70 Contra a corrente

corrente está de fato executando sua ideia ou ela é apenas parecida? Isso faz muita diferença.

◊ Você já pensou em unir forças? Mande uma mensagem para os empreendedores que já estão no mercado. Talvez faça sentido vocês atacarem juntos.

Não deixe uma percepção passageira se colocar entre você e seu projeto. Lembre-se de que existe uma razão por trás do que você quer fazer. E que é **você** que vai fazer a transformação na execução. **Será que em um ano a empresa concorrente vai continuar fazendo isso? Será que em dez anos isso vai fazer alguma diferença**?

O que é difícil e o que ninguém quer fazer

Conversando com empreendedores, muitas vezes me deparo com um desejo de ir para o que é mais simples ou o que é mais fácil. Constantemente preciso lembrá-los de que muitas das organizações que realmente fazem a diferença são aquelas que fazem uma de duas coisas: o que é difícil ou o que ninguém quer fazer.

O que é difícil. Se não fosse difícil resolver determinado problema, por que seria necessário se colocar à frente desse negócio? Se qualquer um conseguisse resolver, seu projeto não seria necessário. **Estamos fazendo isso para resolver problemas difíceis**. E isso vai exigir energia concentrada. Vai ser necessário priorizar e pensar dia e noite em como resolver esse problema. Às vezes, a solução envolve tecnologia; outras vezes, processos. Muitas vezes, precisa da combinação dos dois e de um olhar completamente diferente sobre o problema. E é isso que o torna fascinante.

O que ninguém quer fazer. Impérios foram criados em cima de coisas que ninguém pensou como atividade principal. Acredito que existam muitas oportunidades para quem está disposto a fazer aquilo que os outros não estão dispostos a fazer. O mercado de desentupimento doméstico é algo considerado "menor" pelo mercado? Oportunidade! Ninguém quer pensar no que fazer com o lixo? Oportunidade! Se as pessoas pensarem nos problemas fundamentais com mais carinho e menos preconceito, várias oportunidades podem ser aproveitadas.

Atenuando ou resolvendo o problema

Há alguns anos, fiz um documentário com o meuSucesso.com[27] sobre empreendedores do Vale do Silício. Foi uma experiência maravilhosa, repleta de aprendizados. Em uma das entrevistas, conversei longamente com Pascal Finette, que na época estava na Singularity University, uma organização estadunidense especializada em temas relacionados a inovação e futurismo. Ficamos duas horas sob o sol intenso da Califórnia queimando nossas carecas, e Pascal me disse algo que nunca mais saiu de minha cabeça.

Ele falou que muitas vezes investimos energia para atenuar um problema, ou seja, minimizar o desconforto ou a dificuldade de realizar determinada tarefa. Mas quantas vezes pensamos em completamente eliminar esse problema? Isso acendeu uma lâmpada em minha cabeça, pois comecei a pensar nas organizações que realmente resolvem um problema e o valor e o impacto de mercado delas versus aquelas que apenas o minimizam.

Só para ficar claro o raciocínio, veja alguns exemplos genéricos:

---

27 Para saber mais, acesse: https://meusucesso.com/lp/grow.

Minimizar o problema	Resolver o problema
Ajudar as pessoas a localizar um imóvel para a compra.	Localizar, ajudar a avaliar e comprar o imóvel.
Ajudar a pessoa a pagar a viagem em um táxi.	Ajudar a pessoa a chegar do ponto A ao B, sem fricção.
Loja para vender livros on-line.	Loja que ajuda a consumir o conteúdo em qualquer formato desejado, seja áudio, papel ou digital.

É claro que você não precisa eliminar o problema de uma vez. Normalmente você vai eliminar a parte mais relevante do problema ou repensar a jornada. Mas é importante que isso esteja claro em sua visão. Falando em visão…

Por que você precisa ter uma visão?

É fácil articular as razões pelas quais determinada oportunidade de mercado pode ser relevante. Você pode usar planilhas, fazer contas, buscar pesquisas e referências. Tudo isso é fundamental para tomar decisões. Mas não é tudo.

Falta você nessa equação. Para onde você quer levar esse negócio? O que você está enxergando que o restante das pessoas não está? Essa é a visão, a articulação do que você enxerga no futuro de seu projeto.

Existe um componente de estratégia na construção da visão. E também um componente seu. Você está pensando nesse problema há tempos, você estudou profundamente o mercado. É aí que entra sua tese de futuro. O que você acredita que vai acontecer se mergulhar de cabeça para capturar essa oportunidade? Não é fácil

O mundo é um parque de diversões para quem quer criar **73**

articular essa visão. E não acredito em muitas fórmulas para isso. Porém, ela vai ser o combustível para você trazer outras pessoas a bordo, nortear suas decisões de produto, marketing e todo o restante da organização. Vai ajudar, ainda, a alinhar todos os envolvidos no projeto.

Então, uma vez que você descobrir o que quer fazer, pense em como será o mundo em alguns anos com o impacto de seu projeto. Como você vai fazer isso acontecer?

Percebo uma correlação direta entre a forma como os criadores de um projeto articulam o que estão fazendo e o que querem fazer dali para frente com a probabilidade de sucesso. Imagine Elon Musk falando para potenciais investidores, como forma de convencimento, o tamanho do investimento que o governo vai fazer em viagens espaciais. Agora imagine ele falando que quer chegar a Marte como objetivo final, explicando o porquê e dando detalhes do plano. Isso faz os contratos com o governo parecerem muito menores. E vai envolver todo mundo no projeto.

Lembre-se das histórias e do poder das narrativas em mobilizar a todos à sua volta. Então crie a história de seu negócio. Não tenha medo nem vergonha de pensar grande e leve as pessoas com você nessa jornada intergaláctica.

FINALMENTE

Ao longo do capítulo, elencamos várias formas de você gerar ideias para seus próximos passos. São várias possibilidades e caminhos. Não existe uma regra. O mais importante é você se debruçar profundamente nessa etapa e sair dela com um projeto para tocar. Este capítulo serve para você não ter mais a desculpa do "ainda não chegou a ideia". Alguns empreendedores têm a sorte de ser obcecados com algum problema específico. Mas isso não acontece com todos nós. Então, arregace as mangas e vamos ao trabalho!

Para que você não fique nessa fase mais do que o necessário, é fundamental estabelecer um prazo final. Faça um acordo com você mesmo para encerrar essa etapa e partir para a execução. Isso vai aumentar o senso de urgência do projeto.

No próximo capítulo, vamos falar de alguns pontos importantes para considerar em relação a seu projeto. Sonhar é fundamental, mas é preciso fazer isso com os dois pés no chão. Vamos discutir questões práticas para você entender qual caminho faz sentido seguir.

4.

ORGANIZANDO OS PENSAMENTOS EM MEIO AO (PRÓPRIO) CAOS

Em 2010, encontrei Mike Ajnsztajn, cofundador na ACE Ventures comigo, para falar sobre uma oportunidade de negócios. Mike vive há muitos anos nos Estados Unidos, e não se conformava que não existia no Brasil um serviço de reserva de restaurantes. Qualquer restaurante nos EUA tem um sistema que facilita a reserva de mesas. Mesmo quando o estabelecimento está vazio.

O líder de mercado na época era o Opentable. O modelo de negócios era bastante simples: o restaurante pagava uma mensalidade para usar o software e, a cada pessoa que reservava, a empresa cobrava um adicional. Os números eram bons, e a empresa estava agressivamente comprando competidores em todo o mundo. Eu e Mike entendemos que a conta para chegar ao valor do negócio era relacionada ao número de restaurantes cadastrados e de reservas feitas mensalmente. Poderíamos vender a nossa empresa ao Opentable assim que atingíssemos um patamar relevante no mercado brasileiro.

Após duas reuniões, decidimos nos associar, junto de Ilson Bressan, um amigo de longa data. Nosso primeiro passo foi conversar com os donos dos principais restaurantes de São Paulo. Como não conhecíamos absolutamente ninguém nesse setor, tivemos de ir até os restaurantes e solicitar uma reunião com os responsáveis. Essa busca durou cerca de dois meses. Ao final, conseguimos entender do que os restaurantes precisavam e tivemos o compromisso de vinte deles como futuros clientes da plataforma. Mike batizou a empresa de Zuppa, palavra italiana para sopa. Os potenciais clientes gostaram do nome. Tudo parecia muito promissor.

Nossa maior preocupação, inicialmente, era o acesso à internet. O Wi-Fi ainda não era muito popular, e temíamos que isso fosse impedir o uso do sistema, que precisava ter as reservas e outras informações da nuvem. Decidimos construir um sistema que pudesse funcionar off-line, enquanto a internet estava inativa. Isso nos custou mais três meses de desenvolvimento. Fizemos até uma parceria com uma fornecedora de hardware, de modo que os clientes pudessem comprar a solução completa.

Quando finalizamos o sistema, voltamos aos vinte clientes comprometidos com o uso da plataforma. Todos começaram a usar o produto nas semanas seguintes. O acordo era que começaríamos a cobrar após três meses de uso. Aprendemos muito nesses meses, corrigindo bugs e adaptando o sistema à realidade do dia a dia dos restaurantes. Ao mesmo tempo, aprendemos como gerar clientes por meio das reservas. E esse capítulo se tornou um grande problema.

Os clientes foram convencidos a reservar uma mesa, mas os restaurantes não estavam culturalmente adaptados às reservas. Foi preciso colocar uma pessoa para ligar diariamente para os restaurantes, avisando que o sistema tinha reservas e garantindo a experiência dos clientes na outra ponta. Era um trabalho pesado, mas depois de algumas semanas as equipes dos restaurantes se acostumaram com o serviço. Não só se acostumaram como vários deles elogiavam os recursos da plataforma.

Passaram-se os três meses combinados, e mandamos a primeira nota fiscal. Quantos restaurantes você acha que pagaram pelo serviço? Nenhum!

Isso mesmo, nenhum deles pagou a nota. Quando ligamos, ouvimos as mais diversas desculpas. Após algumas semanas de negociação, demonstrando que o serviço realmente tinha valor, começamos a ter adesões ao pagamento. Ajustamos o preço e a abordagem comercial. E então o nosso problema virou obter mais restaurantes.

Usamos o mesmo método de prospecção de antes. Após escolher um bairro, batíamos na porta de cada restaurante para falar do serviço. Não consigo contar o número de portas na cara que recebemos e negativas da utilização do Zuppa. Então começamos o contato telefônico. Na época, as compras coletivas estavam no auge. Havia mais de quatrocentas empresas operando no Brasil e, adivinhe, ligando todo dia para os mesmos restaurantes. Ouvíamos palavrões e xingamentos em vários telefonemas e aprendemos a começar as ligações explicando de cara que não éramos um site de compra coletiva. Aos poucos, ganhamos mercado em São Paulo.

Nosso plano era vender a empresa para o Opentable, e para isso precisávamos ganhar o mercado nacional. Começamos uma estratégia de revendedores para outras cidades, sempre iniciando com os melhores restaurantes de cada localidade. Ao mesmo tempo, criamos campanhas para gerar demanda de reservas nesses locais. Até testamos *pitches* mais ousados, em que utilizávamos marketing digital para gerar a reserva no restaurante que queríamos converter e ligávamos para o restaurante avisando que existiam reservas já agendadas para ele e que isso fazia parte de um serviço que ele poderia contratar.

Também fizemos parcerias com revendedores de insumos para restaurantes. Descobrimos que algumas dessas empresas são recebidas diretamente pelos donos, como os fornecedores de vinhos, por exemplo. Fizemos parcerias com eles e conseguimos ganhar mercado com alguma velocidade.

Durante esse tempo, ficamos pensando em alternativas de canais. Nos aproximamos dos sites de compra coletiva e descobrimos que o fato de o restaurante ter de deixar uma pessoa o dia inteiro atendendo aos compradores de cupons de desconto era um grande obstáculo para as vendas. Tivemos a ideia de vender a nossa plataforma acoplada aos sites de compra coletiva e começamos a gerar receita com assinaturas do software do Zuppa por dezenas de sites nacionais de compra coletiva.

Alguns meses depois do início da operação, começaram a surgir vários concorrentes. Um deles, em especial, conseguiu crescer rapidamente. Para nossa surpresa, a solução desse concorrente era muito mais simples que a nossa, funcionando inteiramente na web e não tendo qualquer tipo de interface que permitisse usar o sistema sem conexão. Tivemos que nos adaptar e lançar a nossa versão mais simples do sistema. Em determinado momento, tínhamos três sistemas rodando paralelamente, gerando uma dor de cabeça enorme. Depois de muito esforço e negociação com os restaurantes, conseguimos manter apenas uma versão.

Tendo a parceria com os sites de compra coletiva, começamos a crescer rapidamente. A própria força de vendas dos parceiros acabava trazendo mais restaurantes. E as reservas ajudavam a trazer mais clientes. É claro que o perfil do cliente de reservas não era o mesmo de compra coletiva. Mesmo assim, conseguimos aproveitar uma parcela relevante dos cadastros.

Depois de mais de um ano de operação, percebemos que o modelo de reservas seria extremamente desafiador no Brasil, especialmente por questões culturais nos dois lados (profissionalização dos restaurantes e perfil dos clientes). Entendendo os problemas dos clientes, começamos a desenhar o próximo passo da empresa. Um dos maiores desafios dos restaurantes era a geração de demanda. A maioria não tinha uma pessoa ou time focado em trazer mais clientes para o restaurante e fidelizá-los. A principal ferramenta era o boca a boca.

Desenhamos um canivete suíço de ferramentas que poderiam ajudar os restaurantes nesse desafio. As reservas continuavam como uma forma importante de trazer clientes e criar uma base de dados para atendê-los cada vez melhor. Também planejamos uma ferramenta de e-mail marketing, uma forma de comprar mídia digital rapidamente nas principais plataformas e outras maneiras para criar as competências de marketing de forma escalável para esses negócios.

Já gerando receita e crescendo em ritmo acelerado, acreditamos que seria necessária uma nova rodada de investimentos para dar o próximo passo da empresa. O ecossistema empreendedor brasileiro ainda era bastante limitado, e começamos a percorrer todos os contatos que havíamos feito ao longo dos meses. Começamos pelos parceiros, sendo o Peixe Urbano o maior deles, na época a empresa líder em compras coletivas no Brasil. Quando apresentamos nosso plano, fomos muito bem recebidos pelo Julio Vasconcellos, mas o interesse da empresa era outro. Propuseram uma aquisição total da empresa.

Depois de conversarmos longamente sobre alternativas, acreditamos que a venda poderia ser uma boa opção para ampliar ainda mais o alcance da empresa. O Ilson, um dos fundadores, se interessou inclusive por continuar aquela jornada dentro do Peixe Urbano. E foi o que aconteceu. Vendemos 100% da empresa, e eu e Mike voltamos para a prancheta para planejar o que iríamos fazer juntos. Tudo isso em dezoito meses. Na sequência, começamos a fazer

Organizando os pensamentos em meio ao (próprio) caos **81**

investimentos-anjo[28] e decidimos criar a Aceleratech, que se tornou ACE em 2016, trabalhando com empreendedores e investindo em startups.

A pergunta que fica é: o que aprender com esse processo? Creio que existam algumas boas lições para você aqui:

◊ **Criar uma empresa exclusivamente com o objetivo de vendê-la não é a melhor estratégia.**

Embora a jornada tenha sido um excelente aprendizado, com um desfecho financeiramente positivo, acredito que criar uma empresa com o objetivo exclusivo de vendê-la não é a melhor forma de pensar. É claro que, ao criar startups, por exemplo, muita gente está olhando a "saída" ou o evento de liquidez no fim do arco-íris. Os fundos que investem nas startups também buscam uma saída em um horizonte de até dez anos, mas isso não quer dizer que sua cabeça tenha de estar focada nisso. É um paradoxo, na verdade.

Quando você cria um negócio, a prioridade deve ser a execução da visão inicial e a criação de uma empresa de valor. O que significa valor vai mudar de acordo com o tipo de negócio, mas a ideia é a mesma. Criar uma empresa de valor vai fazer que você tenha mais alternativas lá na frente. E, quem sabe, você decide não vendê-la e criar uma jornada mais longa. Esse é o paradoxo do Vinicius de Moraes no belo *Dúvida*:[29] o negócio deve ser "infinito enquanto dure".

---

28 Investidores-anjo são pessoas físicas que dedicam parte do patrimônio para investir em startups, em vários casos também dedicando conhecimento e energia para ajudar esses negócios.

29 MORAES, V. de. Soneto de fidelidade. *In*: **Poemas, sonetos e baladas**: pátria minha. São Paulo: Companhia das Letras, 2018.

Ao criar o Zuppa, desenhamos um plano de saída logo no início. Não me entenda mal, esse é um exercício importante no planejamento de um negócio, mas não acredito que deveria ser a coisa principal. Se fosse fazer novamente, teria passado muito mais tempo entendendo a visão, o que queríamos criar, e deixaria mais clara essa visão para todos os envolvidos.

◊ **Clareza de visão é tão importante quanto flexibilidade na execução.**

Quando conversar com empreendedores, é muito importante entender o que pretendem fazer. Não estou falando em como é o produto ou serviço, e sim qual é a visão. Aonde querem chegar. Pode parecer óbvio, mas muita gente não tem clareza do que está criando. Com uma visão clara, parte-se para a execução. A jornada nunca é linear e perfeita, conforme o planejado. Ela exige adaptações, planejamento e muito replanejamento. Exige lidar com vários elementos não previstos que vão se apresentar durante o projeto. Tão importante quanto ter uma visão clara de onde se quer chegar é a capacidade de adaptação frente aos aprendizados da jornada.

Durante a jornada do Zuppa, nos adaptamos diversas vezes a partir do que o mercado nos apresentava. Tomamos decisões, voltamos atrás e refizemos várias vezes as nossas teses a respeito do que os clientes realmente queriam. Isso faz parte da jornada. É preciso que você faça as pazes com esse fator desde o início do projeto. Na verdade, acredito que parte do prazer de criar seja a constante adequação da criação ao mundo.

◊ **O problema é mais importante que o produto.**

É comum criadores se abraçarem aos produtos como se fossem filhos, como se a coisa mais importante do processo fosse a integridade do que foi colocado no mundo. Como vimos no item anterior, isso não poderia estar mais longe da realidade. A mágica só acontece quando seu produto resolve, de fato, o problema dos clientes. Até lá, existe uma intensa jornada pela frente.

A melhor forma de pensar nisso é realmente se apaixonar pelo problema e pelos clientes e se permitir voltar para a prancheta caso o valor não se comprove. Quanto mais tempo você passa insistindo em algo que claramente não funciona, mais você se afasta de seu sonho. No Zuppa, investimos pesado em soluções que não resolviam o problema, como o acesso off-line à plataforma. Todo investimento de tempo, esforço e dinheiro não serviu para deixar o cliente satisfeito, mas como aprendizado para fazermos melhor da próxima vez. E é isso que deve estar em sua cabeça.

◊ **Achar é diferente de saber.**

Eu adoro *brainstorming*. Ter ideias, pensar em possibilidades, fazer ideação são coisas que me energizam. Desenhar personas na parede, preencher templates e todas as demais ferramentas que ajudam a inovar são maravilhosas, e as recomendo fortemente, mas a maioria delas é baseada em suposições e hipóteses. É claro que você pode incluir os clientes na equação, o que ajuda muito, mas nada substitui o contato com a vida real. Nada substitui um cliente abrir a carteira e dar dinheiro pelo que você produziu. E é aí que existe uma armadilha muito comum: **tentar alimentar o ego em vez de fazer o que precisa ser feito**.

A pergunta básica aqui é: *o que eu sei?* Transformar as hipóteses em experimentos rápidos e de baixo custo pode acelerar muito o ciclo de aprendizado. Quando começamos a planejar o Zuppa, achávamos que os restaurantes não teriam conectividade suficiente para operar uma aplicação web. Esse achismo nos custou meses de trabalho, além de muito dinheiro investido. Em vez de fazer algo mais simples, rodando na web, e testar com alguns restaurantes, preferimos confiar em nosso ego e atrasar o progresso.

Escolhi o exemplo de um negócio que criamos do zero para ilustrar como a jornada pode ser incerta e repleta de surpresas. Ao ler *cases* na mídia, todo mundo adora as histórias de sucesso, que motivam e energizam. Mas a vida real é bem diferente, imprevistos acontecem e teses que você acreditava serem verdadeiras não se comprovam. É difícil encontrar histórias que mostrem erros do time empreendedor. Embora exista essa atração por "casos de sucesso", a trajetória, as decisões tomadas e o aprendizado do time provavelmente são muito mais importantes para sua própria jornada.

Voltando no tempo, eu gostaria de ter tido a oportunidade de saber algumas coisas quando comecei a empreender. Coisas que pudessem me ajudar a organizar meus pensamentos, entender o que estava fazendo de fato. Certamente minha jornada teria sido muito mais fácil. Então quero compartilhar com você esses elementos.

Organizando os pensamentos em meio ao (próprio) caos **85**

Não gosto muito de regras, especialmente para uma atividade tão ampla e variada quanto colocar algo seu no mundo. Existem diversos caminhos para se criar algo de valor, e entendo que a medida do que significa valor, assim como sucesso, é definida por apenas uma pessoa: você. Também acredito que existam alguns pontos importantes que todo mundo que está querendo encarar esse desafio precisa olhar com muita atenção.

A seguir, quero tratar de alguns pontos que considero importantes para qualquer pessoa que está buscando colocar um projeto no mundo.

ENTENDENDO O TAMANHO DA OPORTUNIDADE

Muitas vezes o tamanho da ambição é maior do que a oportunidade que está sendo explorada no mercado. E isso pode causar frustração em quem está dedicando anos da vida a um projeto. Não há problema algum em explorar nichos e oportunidades menores. Aprendo muito com empreendedores de nicho, que amam o que fazem e colocam boa parte da própria força vital naquilo que criam. Ter clareza é fundamental para alinhar as expectativas.

Quando o Airbnb foi criado, diversos investidores não acreditaram que o mercado era grande o suficiente.[30] Analisaram a proposta de valor e somente conseguiram enxergar o pequeno nicho de pessoas que alugavam quartos ou dormiam em sofás: jovens com pouco dinheiro. Hoje sabemos que o mercado era muito maior. A empresa criou uma nova categoria e "roubou" participação de

---

30 SCHNEIDER, A. O Airbnb foi recusado por sete investidores, e hoje vale 20 bilhões de dólares. **Medium**, 16 jul. 2015. Disponível em: https://inquietaria.99jobs.com/o-airbnb-foi-recusado-por-sete-investidores-e-hoje-vale-20-bilh%C3%B5es-de-d%C3%B3lares-354f78c39a21. Acesso em:19 jun. 2024.

mercado das redes de hotéis do mundo todo. Atualmente é uma empresa de capital aberto e tem um gigantesco ecossistema de proprietários de imóveis e hóspedes, movimentando bilhões de dólares anualmente. Entender o tamanho do mercado atual e potencial é fundamental para qualquer negócio.

Não vou me aprofundar na metodologia de mensuração de tamanho de mercado, mas quero mostrar alguns fundamentos para ajudar você a pensar melhor seu projeto. O conceito mais fácil para entender isso é o Total Addressable Market (TAM – mercado total endereçável). Basicamente, diz qual é o potencial de tamanho possível para seu negócio. Por exemplo, se você está pensando em criar uma pet shop de bairro, uma forma de chegar ao TAM é entender quantos cachorros e gatos existem em um raio de três quilômetros da loja. Supondo que o gasto mensal de alguém com um pet seja 1,5 mil reais (e entendendo que esse número varia muito de região para região), a conta poderia ser feita assim:

◊ Número de cães e gatos nas redondezas: 2 mil
◊ Gasto mensal com pets: 1,5 mil reais (anualizando: 18 mil reais)
◊ Potencial anual com a loja: número de pets (2 mil) x gasto anual (18 mil reais) = 36 milhões de reais

Para algumas pessoas, ter uma loja de bairro que fatura 36 milhões de reais por ano seria incrível, mas a probabilidade de bater esse número é bem baixa. Em primeiro lugar, não tem como vender para 100% das pessoas que têm pets, porque várias delas vão preferir pet centers gigantes, outros concorrentes de bairro ou serviço on-line. Mesmo que você atinja um percentual grande, nada garante que essas pessoas vão transferir 100% das compras para sua loja. Isso quer dizer que não é um bom negócio? De forma alguma. O que o TAM mostra é o tamanho total do mercado. E a forma de pensar é: se conseguir 100% desse mercado é praticamente impossível, eu consigo criar um negócio relevante com apenas uma fração desse número?

O TAM mostra um teto. Se esse teto for baixo, isso limita seu potencial de crescimento. Eu já conheci muita gente boa criando negócios em mercados muito pequenos e se frustrando com isso. O tamanho do mercado vai sempre limitar o crescimento. E é claro que quanto maior e mais atraente for o mercado, mais concorrência terá, levando para baixo o percentual possível de captura de valor.

E se, em vez de uma pet shop de bairro, você criar um serviço on-line, com menor limitação geográfica? O mercado aumenta. E se criar uma rede de pet shops? Talvez uma franquia? Também. Isso leva ao próximo elemento: a clareza naquilo que está fazendo.

O QUE ESTOU CRIANDO?

Entender com clareza aquilo que está fazendo é uma das formas mais importantes de você analisar como está e aonde quer chegar. Acredito que pensar com clareza é mais importante do que ter inteligência. Entender o que está se propondo a criar é fundamental para qualquer pessoa que se aventure nesse caminho.

Gosto muito do documentário *O sushi dos sonhos de Jiro*, que conta a história de Jiro Ono e do pequeno restaurante dele, localizado embaixo de uma escada rolante em uma estação de metrô em Tóquio. O espaço é pequeno, com um balcão no qual Jiro atende pessoalmente os clientes. Uma refeição custa mais de 1,5 mil reais, e o restaurante já teve três estrelas Michelin.[31] Jiro tem quase 100 anos, e desde o início tinha clareza do que queria criar. Ele não buscava ter um restaurante enorme ou uma rede. Não queria ostentar. **Ele só se interessava em uma coisa: fazer o melhor sushi do mundo**. Essa fórmula atraiu clientes do mundo inteiro, candidatos a chef para ajudá-lo e fama internacional.

A clareza do que você quer criar é muito importante e vai manter você no caminho certo, independentemente do que pessoas de fora digam. Lembre-se: é **sua** criação. A clareza serve para entender o tamanho da ambição, o que vai motivar você quando as coisas estiverem difíceis e entender onde colocar a nossa energia. **A pergunta "O que estou criando?" só pode ser respondida por você**. Lembre-se: você provavelmente passará muitos anos de sua vida dedicados a esse projeto.

As perguntas mais importantes a serem respondidas

Escolhi uma série de perguntas que devem ser respondidas por quem está pensando em criar qualquer tipo de negócio. São perguntas simples e diretas. Eu recomendo respondê-las da forma mais objetiva possível.

Se você precisar fazer um exercício acrobático para responder a qualquer uma delas, tudo bem. Porém isso significa que provavelmente é necessário pensar melhor sobre o projeto.

---

31 Jiro Sushi, o mais badalado de Tóquio, perde as 3 estrelas Michelin por causa dos clientes. **Estadão**, 29 nov. 2019. Disponível em: https://paladar. estadao.com.br/noticias/restaurante-e-bares,jiro-sushi-o-mais-badalado-de-toquio-perde-as-3-estrelas-michelin-por-causa-dos-clientes,70003106488. Acesso em: 22 maio 2024.

Pergunta importante	O que buscar na resposta?
Quem eu vou atender?	Quanto mais claro e direto, melhor. Imagine que a resposta possa ser transferida para filtros em uma planilha. Se você conseguir criar um filtro, existe objetividade suficiente. Tudo bem começar com hipóteses, mas é importante que elas se transformem em respostas claras com o tempo. Se você for atender a empresas, a lógica é exatamente a mesma, com um adicional: quem dentro da empresa você vai atender, quem decide a compra e quem, de fato, usa o produto.
Qual problema vou resolver?	Queremos um problema claro, relevante e reconhecido pela pessoa ou empresa que você está se propondo a atender. É aqui que a maioria das iniciativas tem dificuldade. Não ter clareza do problema ou não resolver um problema relevante não vai deixar você avançar. Tome cuidado para que o problema não esteja apenas em sua cabeça. Muitas vezes as pessoas falam que o problema existe, mas não estão dispostas a pagar pelo serviço. Tenha atenção nesse ponto.
Como seu produto ou serviço vai resolver esse problema?	É aqui que entra sua solução. Essa não é uma resposta simples, pois várias soluções podem resolver o mesmo problema. A dica é começar com o ideal e, em seguida, partir para o que é possível.

Como você vai operacionalizar essa solução?	Não há nada de errado em sonhar grande. Muito pelo contrário. Mas esse projeto precisa sair do papel e virar algo operacional agora, não daqui a alguns anos. **Agora**. Então a resposta a essa pergunta precisa ser prática. É fundamental ter clareza operacional para respondê-la. Não descarte o sonho grande, a solução ideal. Isso vai fazer parte de sua visão de futuro, porém agora precisa se preocupar com as próximas semanas e meses.
Sua solução resolve ou atenua o problema?	Essa pergunta é sutil. Para respondê-la, é fundamental ter um profundo entendimento do problema a ser resolvido, considerando os impactos secundários. Por exemplo: você vai fornecer um empréstimo para que a pessoa reforme a casa. Como ela vai pagar o empréstimo? E quanto às demais despesas que ela vai ter ao longo do tempo? Tudo bem a solução iniciar atenuando o problema. O importante é ter clareza e entender que isso certamente impacta o valor percebido pelos clientes.
Como conseguir os primeiros clientes?	A resposta a essa pergunta geralmente é quebrada em diversas hipóteses. A maioria delas envolve **você** fazer corpo a corpo para ir atrás dos primeiros clientes. Sim, você. Sua vida será buscar clientes por muito tempo. Vá se acostumando.

Organizando os pensamentos em meio ao (próprio) caos

Como se organizar financeiramente?	É fundamental que seu foco esteja no projeto. Se for um projeto feito nas horas vagas, é importante entender o quanto você precisa gastar, além da alocação de seu tempo. Se você decidir se atirar de cabeça na oportunidade, é fundamental que consiga se manter durante, pelo menos, dois anos para dar o tempo necessário ao projeto.

Repare que eu não menciono investimento em seu negócio. Vou falar disso na sequência, mas reforço que esse não deve ser seu objetivo nem uma condicionante para tirar seu projeto do papel. **Não dependa de terceiros logo no início de sua jornada**.

Quais tipos de negócio atraem investimento?

Antes de responder a essa pergunta, gostaria de explicar que alguns negócios são mais propensos a atrair investimento do que outros. E isso não tem nada a ver com você (na maioria das vezes), e sim com o tipo de negócio.

Podemos dividi-los em três categorias:

1. **Negócios que financiam seu estilo de vida (*lifestyle business*).** Padarias, consultorias e serviços de limpeza são exemplos de negócios dessa categoria. São a maioria dos negócios no mundo, mas isso não quer dizer que não podem ser vendidos futuramente. Vendas desse tipo de negócio acontecem com

frequência, porém o maior valor está na geração de caixa. Eles ajudam você a financiar seu estilo de vida por meio da geração de caixa da empresa. Normalmente são difíceis de vender porque o valor é gerado diretamente por você, por sua disciplina e pelo acompanhamento no dia a dia. São modelos menos escaláveis, o que significa que os custos e as despesas crescem na mesma proporção da receita. Se você tem uma agência de propaganda e fecha mais um cliente, provavelmente terá de contratar mais pessoas e aumentar as despesas com pessoal, por exemplo.

Quando se fala de compra e venda de empresas, geralmente faz-se o *valuation* para aferir o valor. A forma mais tradicional utiliza o modelo do fluxo de caixa descontado. Basicamente, entende-se quanto de caixa o negócio vai gerar no futuro e coloca-se essa quantia para valor presente. Resumindo, significa quanto dinheiro efetivamente sobra no final.

Uma forma de simplificar essa lógica é por meio dos múltiplos. Se considerar o múltiplo de faturamento,[32] ou seja, quantas vezes o faturamento da empresa anual ela vale, é fácil entender a diferença dos negócios. Por exemplo, se uma padaria fatura 1 milhão de reais no ano, ela provavelmente deve valer igual ou menos do que esse valor em uma venda. Já a Apple vale algumas vezes o próprio faturamento anual.[33] Se pensar no retorno financeiro dos fundadores,

---

32 Uma forma bastante comum de aferir *valuations* com múltiplos é utilizar o EBITDA (lucros antes de juros, impostos, depreciação e amortização).

33 REUTERS. Apple se torna a 1ª empresa a atingir US$ 1 trilhão em valor de marca. **Forbes**, 12 jun. 2024. Disponível em: https://forbes.com.br/forbes-money/2024/06/apple-se-torna-a-1a-empresa-a-atingir-us-1-trilhao-em-valor-de-marca/. Acesso em:19 jun. 2024.

talvez administrar bem uma padaria por vários anos deve retornar mais financeiramente do que a venda do negócio. É por isso que muitos empreendedores acabam escolhendo não vender.

Por essas razões, investidores não gostam muito de investir nesse tipo de negócio, porque são empresas que têm menos liquidez (menos gente interessada em comprar) e mais riscos (imagine se você ficar doente). Além disso, acabam também valendo menos no longo prazo. As opções de financiamento desse tipo de negócio geralmente são por meio da própria geração de caixa, de dívida ou de amigos e familiares.

2. Negócios que têm valor no *equity*.

São negócios que geram valor de maneira mais consistente. Startups são os exemplos que rapidamente surgem, mas há vários outros tipos de negócio que podem ser considerados. Existem, inclusive, empresas que iniciaram como negócios de estilo de vida e criaram um grande valor para os acionistas, como algumas redes varejistas, produtores agrícolas ou transportadoras. Alguns apresentam volume grande, gerando margem absoluta relevante, como siderúrgicas, mesmo que a margem relativa (percentual de margem) seja pequena. Outros têm grande escalabilidade e, portanto, alta margem de lucro, como bandeiras de cartão de crédito e bancos.

Startups já nascem com a premissa da escalabilidade no DNA. Algumas delas conseguem crescer usando o próprio caixa, o que o mercado chama de *bootstrapping*. Outras precisam de investimento para alcançar os patamares dese-jados de escalabilidade. Independentemente do modelo a ser perseguido, a melhor maneira de começar é com pou-cos recursos.

Essas empresas conseguem atingir patamares de *valuation* com múltiplos bastante altos, gerando retornos relevantes aos sócios em uma potencial venda. É por essa razão que vários empreendedores abrem mão de remuneração equiva-lente ao mercado por vários anos para reinvestir mais recur-sos no crescimento do negócio.

3. **Organizações sem fins lucrativos (ou organizações não governamentais).**

São organizações que não têm o lucro como objetivo final, ou seja, em vez de colocar a ênfase na geração de caixa ou no valor do *equity* da organização, a prioridade se torna o impac-to que ela tem no problema escolhido para resolver.

Independentemente do problema ou da causa escolhida, essas organizações precisam pagar as contas, e para isso ne-cessitam de fontes de recursos financeiros. Esses recursos podem vir de doações e patrocínios ou diretamente da venda de produtos. Elas também precisam gerenciar os custos e garantir que exista capital disponível para a operação do dia a dia.

Existem diversos casos de ONGs que cumprem o propósito de maneira brilhante, como a Gerando Falcões e a Charity Water, que busca resolver o acesso à água potável em diversas comu-nidades ao redor do mundo. O mais importante é ter clareza naquilo que se quer atingir e o que esperar do negócio.

Via de regra, as empresas que atraem investimento são aquelas que têm maior valor no *equity*. E geralmente isso é refletido em um crescimento saudável e uma perspectiva futura de geração de caixa agressiva.

Preciso de investimento?

Como mencionei, acredito que a melhor (e a mais comum) maneira de iniciar um negócio é com poucos recursos. Esse princípio vale não apenas para negócios que eu crio sozinho, mas também para corporações que querem criar iniciativas inovadoras. Um dos segredos de execução das startups são times pequenos e multidisciplinares. Jeff Bezos até apelidou essas equipes de "times de duas pizzas", porque se você precisa de mais de duas pizzas para alimentar o time, ele está grande demais.

Entendendo que você se preparou financeiramente antes de entrar de cabeça no projeto, a forma de pensar no dinheiro é: o investimento deve ser combustível para a empresa. E combustível só é necessário para quem tem um motor. Você só consegue ter um motor quando existe um produto rodando, preferencialmente com clientes pagantes. Mesmo assim, ainda não é o momento de captar uma grande quantia.

No mundo das startups, o PMF é o momento em que você entende que seu produto está resolvendo um problema claro para os clientes, que por sua vez pagam por isso repetidamente. É aí que começa a precisar de combustível para crescer.

A ideia aqui não é entrar nas diferentes modalidades de investimento, mas a tabela a seguir pode ajudar a entender melhor seu estágio, reforçando que estamos falando principalmente de startups.

Estágio	Investimento
Tenho uma ideia, apenas.	Capital próprio e dinheiro de amigos e familiares.
Já tenho um produto rodando, com os primeiros clientes pagantes.	Capital próprio, fundos de investimento,[34] investimento-anjo e dinheiro de amigos e familiares.
Já entendo quem são meus clientes e eles estão comprando consistentemente meu produto.	Investimento-anjo e fundos de investimento.

Resumindo: até ter um produto rodando e resolvendo um problema claro para clientes específicos, que não cancelam e recomendam para outras pessoas, é melhor captar o menor investimento possível. A partir daí, o objetivo é crescer, e o investimento é o combustível. É claro que a chave é saber onde colocar dinheiro para atingir novos patamares de crescimento.

Esse é um assunto no qual me debruço todo dia, e existem muito mais nuances do que escrevi aqui. Como o objetivo deste livro é ajudar qualquer pessoa que está criando um novo negócio, procurei abordar o mínimo possível de conceitos.

Trazendo outras pessoas comigo

Colocar sócios a bordo de um negócio é algo que deve ser considerado com bastante cuidado ao começar um projeto. Sócios oferecem

---

34 Fundos de investimento ou *venture capital* são investidores profissionais que alocam capital de terceiros em startups nos mais diversos estágios buscando retorno relevante futuro, na venda dessa participação.

diversas vantagens, como complementaridade de habilidades, divisão da carga de trabalho e alguém para discutir os rumos do negócio. Ao mesmo tempo, são pessoas que vão conviver infinitas horas com você.

Nesse convívio, vocês vão descobrir as inúmeras falhas de cada um, e as expectativas podem não se comprovar com o passar do tempo. Infelizmente já participei de várias situações em que o fracasso de uma startup foi originado por uma briga entre sócios. Esse é um problema muito comum.

Por outro lado, eu provavelmente não teria construído nem metade do que fiz sem ter sócios comprometidos comigo no negócio. No início do capítulo, mencionei o Mike, que é meu sócio há mais de dez anos. Nossos estilos não poderiam ser mais diferentes, mas existe um grande alinhamento na forma de pensar, e estamos 100% comprometidos com o que estamos criando. É claro que às vezes discordamos, mas isso faz parte do processo e fortalece a relação e o negócio.

Sempre existe a possibilidade de criar um negócio sozinho. Várias empresas bem-sucedidas tiveram um único sócio. Mas se analisarmos a história dos negócios, vamos perceber que a grande maioria dos negócios que se tornaram icônicos teve mais de um sócio na jornada. Em especial recentemente.

Eu não criaria um novo negócio hoje sem ter um sócio a bordo. Acredito que mais cabeças (bem selecionadas) tornam o processo de criação mais rico e divertido. E é claro que ter outras pessoas dividindo a carga com você ajuda muito a manter a sanidade mental.

Alguns cuidados que eu sugiro nesse processo:

◊ **Não comece uma sociedade sem conhecer razoavelmente a outra pessoa.** Invista na relação antes de se comprometer com um casamento profissional de longo prazo.

98 Contra a corrente

◊ **Evite colocar seus melhores amigos no projeto**. Pode funcionar, mas existe o risco de você perder amizades no processo. E um risco de você perder sua objetividade.

◊ Antes de se comprometer com uma sociedade, **tenha conversas difíceis sobre os objetivos de longo prazo de cada um e questões financeiras pessoais**. A falta desse alinhamento de expectativas gera boa parte das brigas.

◊ **Crie regras para o divórcio profissional logo no início**. Caso a parceria não funcione, regras claras podem salvar a empresa no caso da saída de uma das partes. Não economize nos advogados.

Na ACE Ventures, acreditamos que três é um número ideal de sócios para a criação de um novo negócio. Mais do que isso, percebemos um impacto no processo decisório e na distribuição de responsabilidades. Novamente, mais do que regras, são observações do dia a dia.

E o mais importante: você e seus sócios têm qualidades e defeitos. Conversas francas e entendimento dos limites de cada um são fundamentais. Além disso, aprenda a conviver com os defeitos de cada um. Tolerância e respeito devem sempre pontuar a relação.

Clareza mental

Criar é uma atividade confusa por natureza. São ideias, talentos e defeitos encontrando com o mundo. Desse encontro podem sair tanto coisas maravilhosas como frustrações sem fim. Para evitar esse segundo destino, é importante que você embarque nessa jornada sabendo exatamente o que quer fazer. A clareza é uma bênção, especialmente quando tudo à sua volta estiver confuso.

Recomendo que você pondere com cuidado cada um dos elementos deste capítulo. Escreva suas conclusões e converse com pessoas próximas para refinar o projeto. Pensar com clareza vai ajudar você a dar os primeiros passos com mais segurança.

Como falei, não existem as respostas corretas. Elas vão depender de você.

5.
COMO NÃO SE APAIXONAR PELAS PRÓPRIAS IDEIAS

A ideia é a expressão da criatividade no mundo. Especialmente quando ela deixa a cabeça e começa a ser compartilhada com outras pessoas. Muitas vezes, sentimos como se ela fosse um pedaço nosso. Então, quando são criticadas, acabamos nos sentindo atacados.

Esse sentimento é completamente normal. Mas perigoso.

Converso há muitos anos com empreendedores de todos os setores. Em eventos, quando sou abordado por alguém que geralmente está buscando validação, a última coisa que as pessoas esperam ouvir é que eu não gostei das ideias delas.

O interessante é que eu raramente critico alguma ideia. Minha resposta é invariavelmente a mesma: "O que seus clientes acham disso?" ou "Quais são as evidências em relação à qualidade da ideia?". E não falo isso para tirar meu corpo fora e não dar uma resposta objetiva. Muita gente prefere agir como um biscoito da sorte, fazendo um comentário abstrato e vago, a entrar em conflito com a outra pessoa. Não é o meu caso.

Já critiquei muitas ideias de negócios. E várias das que eu achava que não faziam muito sentido se tornaram empresas relevantes. Outras que eu adorei não deram em nada. Com o passar do tempo, entendi o porquê dessa irregularidade. A verdade é que a ideia é apenas um elemento na equação, não o mais importante.

No Capítulo 3, falei de como gerar novas ideias de negócio. Aqui, vou tentar salvar você de uma armadilha muito comum, que é morrer abraçado em suas ideias e em seus produtos.

A GALINHA OU OS OVOS?

Eu já vivi esta história várias vezes. Um empreendedor me manda um e-mail falando que tem um projeto maravilhoso. **Eu adoro projetos maravilhosos, mas gosto ainda mais de empreendedores maravilhosos**. Imediatamente peço mais detalhes do projeto, normalmente na forma de um *deck* apresentando a empresa. Em algumas dessas vezes, o empreendedor me pede que assine um acordo de confidencialidade.[35] Imediatamente agradeço e desisto da oportunidade.

A razão para não continuar a discussão é muito simples. No mundo em que vivo, das startups e da inovação, a vantagem competitiva sustentável já não existe mais. A todo momento, alguém consegue copiar o que estamos fazendo. Segredos não permanecem secretos por muito tempo. E nos acostumamos a estar constantemente nos adaptando a essa realidade.

Quando alguém guarda segredo durante muito tempo, isso significa que a ideia não está em contato com o mundo. **E a mágica só acontece quando as ideias colidem com a realidade**. Antes disso, ela é apenas uma hipótese. O mais importante não é a ideia, embora ela possa ser o ponto de partida e a inspiração. A parte fundamental é a capacidade de gerar novas ideias. Por quê?

Imagine o seguinte: você quer criar uma plataforma para conectar pessoas que desejam entrar em forma e personal trainers. Eu imagino um app maravilhoso, cheio de opções, com fotos bem produzidas. Imagino várias pessoas usando e a taxa de intermediação cobrada funcionando perfeitamente, com muito dinheiro caindo na conta. E aí a realidade acontece.

---

35 Contrato que legalmente impede as partes de divulgarem as informações compartilhadas nas comunicações para terceiros.

Quando você tenta colocar a ideia em prática, descobre que já existem vários outros apps do gênero. Tudo bem, eu já imaginava que esse fosse o caso. Quando você se senta com potenciais clientes, não vê muita empolgação. As alternativas para conseguir um personal trainer (nas academias, por indicação de amigos etc.) funcionam bem para a maior parte das pessoas. Na hora de construir o app, você se depara com desafios técnicos que não imaginava. Não consegue encontrar desenvolvedores que estejam dispostos a entrar no projeto. E aquele número de personal trainers que imaginou se resume a seis pessoas, cujas fotos são bem amadoras.

A realidade é implacável. Você será forçado a repensar sua proposta de valor. Talvez personal trainers não sejam a maior dor de seu cliente. Talvez suplementos sejam mais relevantes. Quem toma mais suplementos? É preciso ter uma licença? Como funciona um e-commerce?

Supondo que você consiga colocar uma primeira versão no ar, terá de pensar em como vai chegar até os clientes a um custo que viabilize a operação. Também precisa pensar na retenção. Será que um modelo de assinaturas seria o ideal? Depois de alguns meses, você pode até descobrir que as pessoas cancelam a assinatura. Percebe um padrão?

A ideia inicial é apenas uma hipótese. A grande demanda de ideias não está na concepção do negócio, e sim na execução. Todos esses milhares de obstáculos que poderiam ser enfrentados nesse projeto exigem muita energia e criatividade.

Na história clássica da galinha dos ovos de ouro, os gananciosos proprietários do animal acabaram matando-o para extrair todos os ovos de uma vez. É uma infeliz lição, que está presente nos dias de hoje quando nos referimos a ideias. No nosso caso, nós somos a

Como não se apaixonar pelas próprias ideias **105**

galinha e as ideias são os ovos. A galinha é muito mais importante do que os ovos. Ou seja, o ingrediente secreto sempre é você, e não seu projeto.

Mais do que se preocupar com a possibilidade de alguém copiar sua ideia original, seu foco deveria estar voltado a desenvolver a capacidade de ter novas ideias a todo momento. **Criar algo novo não é o desdobramento de uma grande ideia, é a resiliência para permanecer no caminho enquanto testa infinitas outras ideias de execução**.

O QUE ACONTECE QUANDO NOS APAIXONAMOS PELA IDEIA OU PRODUTO?

Como falei no início do capítulo, é muito fácil se apaixonar pelas próprias ideias. Elas geram dopamina e nos deixam felizes. Conheço pessoas que gostam mais de planejar as férias do que efetivamente sair de férias. Planejar e pensar em cenários futuros dá energia e entusiasmo.

Não me entenda mal. Entusiasmo é algo maravilhoso e um motor propulsor dos projetos. O problema é quando você cai na armadilha de se apaixonar por suas ideias. Isso acontece quando você amarra o projeto diretamente à ideia.

No exemplo anterior, é como se você entendesse que o projeto é "criar um app para conectar pessoas a personal trainers". Sabe aquela reunião de amigos, na qual invariavelmente alguém vai perguntar o que você faz? Nesse caso a resposta acabaria sendo: um app para conectar... E isso é ruim? Sim. Por uma razão muito simples.

Quando você explica para si mesmo e para o mundo o que o projeto faz antes de ele começar, ou logo no início, se compromete com essa ideia. E isso faz que fique muito mais difícil mudá-la. Afinal de contas, você está há meses contando para todo mundo exatamente como é o projeto. E se não for nada disso, como você vai lidar com as expectativas?

Isso causa uma série de outros problemas. Por exemplo, se alguém criticar sua ideia, é provável que você fique na defensiva, explicando por que ela é viável, relevante e afins. Lembrando que a magia acontece no contato de sua ideia com o mundo, então não faz sentido ficar defendendo sua hipótese. Hipóteses precisam ser testadas, já que a probabilidade de você estar errado é bem alta.

Criar é uma jornada de mais erros do que acertos. Se você já começa com uma ideia fixa e não tem flexibilidade para se abrir para alternativas, sua probabilidade de sucesso reduz dramaticamente. E esse fenômeno não acontece apenas na ideia. É muito comum times investirem tempo e dinheiro para colocar a primeira versão de um produto no ar apenas com base na ideia e em algumas conversas com "especialistas". Quanto mais tempo, dinheiro e energia são colocados em algo não validado pelo mercado, mais difícil é voltar atrás.

Isso quer dizer que você deve estar aberto a qualquer ideia e jogar tudo que você pensou fora? Não necessariamente. Existem formas de lidar com esse dilema.

COMO EVITAR A ARMADILHA?

Acredito que seja perfeitamente possível você estar obcecado com seu projeto e ainda assim manter a flexibilidade para garantir que ele funcione no mercado. A forma mais fácil é pensar no problema e para quem você está resolvendo esse problema. Quando você se torna obcecado pelo problema, fica muito mais fácil testar hipóteses e aprender rapidamente. E as ideias ganham outro sentido na equação: elas funcionam como uma forma de você cumprir esse propósito.

Como não se apaixonar pelas próprias ideias **107**

A grande maioria das empresas de hoje começou com produtos e serviços completamente diferentes dos atuais. A jornada é dinâmica, e não estática. E é função de quem cria fazer as adaptações a partir do aprendizado e do direcionamento do negócio.

No capítulo anterior, falamos dos pontos aos quais você precisa se atentar para organizar os pensamentos em meio ao caos que é criar algo novo. A melhor forma de fazer isso é se concentrar nos clientes, no problema e em sua visão.

Voltando para o exemplo, se em uma festa alguém perguntasse no que você estava trabalhando, você poderia responder algo como: "Quero ajudar as mulheres executivas que também são mães a manter a forma física e a longevidade em meio à rotina intensa". Assim, você apresenta exatamente quem você quer ajudar e qual problema específico está tentando resolver. Você não menciona o app, os personal trainers ou qualquer outra coisa que esteja acreditando que será a resposta. Dessa maneira, tem flexibilidade para mudar a direção do produto para outras alternativas, como suplementação alimentar, caso a hipótese inicial não se prove verdadeira.

Isso quer dizer que a empresa só vai fazer isso para sempre? Não necessariamente. Fazendo essa afirmação, entende-se que você fez o dever de casa do capítulo anterior. Portanto, sabe o tamanho do mercado, conhece as alternativas e acompanha a jornada de diversas mães executivas. Ao longo do processo, pode descobrir que o problema também existe para outras pessoas ou que existem mais problemas que pode resolver para o público atual e expandir a oferta.

O mais importante nesse momento é ter clareza das coisas certas e flexibilidade onde for necessário. Você precisa ter a capacidade de ter ideias, transformá-las em hipóteses e testá-las no mundo real. Essa

108 Contra a corrente

clareza também vai ajudar com possíveis sócios de seu negócio, co-fundadores ou investidores. Seus colaboradores também vão se bene-ficiar de uma delimitação clara do problema e aonde se quer chegar.

Por último, quero reforçar que tudo pode ser mudado com o tempo. É comum também redescobrir quem são os verdadeiros clientes e quais são os problemas deles. Você não precisa se martiri-zar com isso no momento. O importante é colocar seu projeto no mercado com clareza e ter a abertura para aprender com o processo.

6.
EXECUÇÃO É (QUASE) TUDO

Helmuth Hofstatter[36] nasceu em Paranaguá, cidade portuária do sul do Paraná. Começou a trabalhar cedo, aos 15 anos, como office boy e se mudou para Curitiba para estudar. Sempre foi apaixonado por tecnologia, montando e desmontando computadores e aprendendo a programar enquanto estudava.

Conviver com a economia portuária fez Helmuth estudar comércio exterior. Ele começou a trabalhar na área e aplicou nela a paixão por tecnologia. No dia a dia, percebeu que existia uma grande carência de informação entre todos os agentes do setor. Então outra paixão aflorou cedo: criar negócios. Ele testava conceitos em paralelo desde cedo.

Embora estivesse bem empregado, com ótimo salário e benefícios, acreditava que poderia resolver o problema da falta de informação do setor inteiro. Tomou a decisão de iniciar um novo negócio nas horas vagas. Na época, conheceu o sócio Carlos Souza, que complementava o conhecimento em logística e análise de riscos.

O plano era simples: criaria uma plataforma que fornece informações do setor às inúmeras empresas atuantes e cobraria uma mensalidade por isso. A visão era resolver todos os problemas logísticos em uma plataforma: os clientes apertariam um botão e recebe-

---

36 LOUREIRO, R. Vida de Startup #17 - Helmuth Hofstatter, fundador e CEO da Logcomex. **Neofeed**, 21 mai. 2024. Disponível em: https://neofeed.com.br/podcasts/vida-de-startup-17-Helmuth-hofstatter-fundador-e-ceo-da-logcomex/. Acesso em:19 jun. 2024.

riam um container com os produtos na sequência. Em seis meses, a empresa pagaria as contas e ele poderia largar o emprego atual com tranquilidade. O que poderia dar errado?

A esta altura, você já sabe a resposta: absolutamente tudo.

A visão que Helmuth tinha de empreender era bem diferente da realidade, mas isso não o impediu de buscar ajuda. Ele foi atrás de alguém que pudesse aportar a combinação de capital e apoio metodológico e encontrou a aceleração da ACE. O programa o ajudou a entender como estruturar uma startup, e Helmuth e Carlos entraram em tempo integral nessa jornada. Helmuth largou o emprego para apostar na própria visão. Ele tinha uma filha pequena e uma esposa grávida e ainda estava morando em Paranaguá.

Ao longo dos quatro primeiros anos da empresa, Helmuth e Carlos afinaram a proposta de valor e mudaram a estratégia de execução. Nesse período, buscaram mercados pequenos, nos quais pudessem vender para todas as empresas do nicho. Adaptaram o produto para resolver muito bem os problemas dessas empresas. Assim que dominavam um nicho, partiam para outro. Começaram com armazéns e portos e ampliaram para operadores logísticos. A cada mercado novo, ajustavam a máquina de vendas e o produto. De maneira consistente, a estratégia garantiu que fossem dominando cada um dos nichos estabelecidos, dando mais força para o próximo.

A empresa se chama LogComex.[37] Em 2023, já tinha 2,5 mil clientes e está expandindo para os Estados Unidos e a Ásia, tendo 350 colaboradores. Atraiu investidores de peso e continua crescendo a taxas impressionantes.

---

37 Para saber mais, acesse: www.logcomex.com.

Helmuth acredita que está apenas começando a jornada e mantém a visão de transformar o comércio exterior globalmente. Ele acredita que, se você aprende a executar com muita disciplina e humildade, não interessa sua origem ou formação. **O segredo está em mudar a maneira como você pensa, para depois modificar a execução.**

> **Durante seis meses, Helmuth aprendeu algumas lições importantes, que dividiu comigo:**
>
> ◊ **O empreendedor precisa falar com os clientes. Não pode ter vergonha. E precisa saber ouvir o que estão dizendo.**
>
> ◊ **Muitas vezes, ter atuado no setor pode trazer também preconcepções que atrapalham na hora de montar o produto. É fundamental aprender a se perguntar: por que não?**
>
> ◊ **É preciso ter humildade intelectual. Aprender a ouvir e a se cercar de pessoas melhores do que você.**
>
> ◊ **Manter o foco é uma das coisas mais difíceis para alguém que está empreendendo. Especialmente quando as coisas começam a dar errado.**
>
> ◊ **Vender é a realização da proposta de valor. Uma coisa é usar o produto. A outra é realmente pagar por ele.**

O QUE SIGNIFICA EXECUÇÃO EM UM NEGÓCIO?

Helmuth tem um tipo de caso que adoro: alguém que desafia as probabilidades e mesmo assim consegue chegar lá. Acredito que o segredo dessas pessoas está na maneira como executam.

Todos adoram aquela história do empreendedor que teve uma ideia brilhante e com muita tenacidade criou um império. Isso é o que vemos nos filmes. O que não enxergamos é a parte repetitiva

Execução é (quase) tudo **113**

do processo, os alinhamentos internos, os planos e tudo que está envolvido em levar um negócio ao próximo patamar.

Para muita gente, a execução se resume à realização dos projetos e das tarefas propostas. Para outras, envolve as rotinas da empresa. Como "execução" quer dizer muitas coisas para muitas pessoas, eu gosto de deixar claro o que eu acredito que ela signifique na vida de um novo negócio. Quando falo "negócio", eu me refiro a qualquer tipo de projeto que você esteja criando.

Acredito que a execução é o fator mais importante para o sucesso de qualquer negócio. Ponto.

Eu já acompanhei centenas de empreendedores do Brasil e do mundo. E tenho convicção de que aqueles que melhor executam estão muito à frente dos demais. Como isso se traduz na prática?

Gosto de definir a execução como **a construção disciplinada da visão do negócio**. Para isso, precisamos saber aonde se quer chegar e ter uma visão clara de como chegar lá. Seu papel, nesse contexto, é ser catalisador do processo, de maneira incansável.

Acredito que a execução possa ser resumida em quatro pontos:

1. **Garantir que tem uma estratégia.**
2. **Garantir que tem um plano para executar essa estratégia.**
3. **Garantir que as pessoas estão alinhadas e comprometidas com esse plano.**
4. **Fazer o plano acontecer.**

Vamos entender melhor cada um dos elementos.

Garantir que tem uma estratégia.

Este não é um livro sobre estratégia. Existem muitos conteúdos excelentes que falam de cada aspecto da elaboração de uma boa estratégia. Quando esse assunto é mencionado, todo mundo imagina gráficos complexos, workshops mediados por consultores e dezenas de slides mostrando cada detalhe de como a empresa vai atuar no mercado. Acredito que esse tipo de atividade tenha bastante valor, mas poucas pessoas têm condições financeiras para contratar facilitadores e tempo para desenhar slides e mais slides de conteúdo.

Isso não é o mais importante. O fundamental é você responder com clareza às perguntas mais fundamentais relativas a seu negócio:

1. **Em qual mercado atuo?**
2. **Quem são meus clientes?**
3. **O que eu vendo para esses clientes?**
4. **Como eu vendo para esses clientes?**
5. **Como eu entrego aquilo que eu vendo?**
6. **Como vou ganhar a briga?**

As cinco primeiras perguntas são muito comuns. Mencionei vários aspectos delas no Capítulo 4. As respostas não vão se apresentar de imediato. Inicialmente você terá hipóteses, que serão refinadas ao longo do tempo. A pergunta 6 é a mais difícil de responder, mas também vai sendo ajustada à medida que você aprende.

No início de uma jornada de criação de algo, raramente haverá uma estratégia perfeita. Ela será aperfeiçoada com o contato com a realidade. Isso não quer dizer que você não tenha que ter disciplina para desenhar hipóteses, testá-las e refiná-las ao longo do tempo. Sem falar que as condições de mercado também vão mudar.

Empreender é um misto de arte e ciência. E a resposta à pergunta de como você vai ganhar a briga envolve ambas. De um lado, você precisa ter uma análise detalhada do mercado, incluindo con-

Execução é (quase) tudo **115**

corrência, produtos substitutos e todos os outros aspectos que vão embasar sua decisão de como competir. De outro, é fundamental aplicar criatividade e pensamento não ortodoxo para resolver os desafios. Afinal de contas, ninguém vai estender um tapete vermelho para você entrar no mercado.

No excelente livro *Seven Powers*,[38] Hamilton Helmer apresenta sete poderes que as empresas podem utilizar para construir a própria estratégia, definidos ao longo do tempo. Quando se está iniciando um negócio, existem dois que valem a pena analisar para ajudar na composição de uma estratégia: contraposicionamento e recurso exclusivo.

Contraposicionamento é a maneira como a empresa vai posicionar a composição de preço, produto ou serviço, os canais de distribuição no mercado e todos os demais atributos à disposição. Basicamente, se existe alguém já operando nesse mercado, normalmente a pior estratégia é bater de frente e competir por preço. As empresas que criam estratégias mais eficientes em geral usam o contraposicionamento, de modo que os clientes se beneficiem do produto e a concorrência não se interesse economicamente em competir (vai perder dinheiro ou os clientes não são relevantes para ela no momento).

Um bom exemplo foi a entrada da Netflix no mercado. Ao mesmo tempo que as locadoras ganhavam dinheiro por filme alugado e tinham um catálogo já comprado, a Netflix cobrava apenas uma fração do valor que os clientes gastavam por mês e tinha o catálogo completamente digital. Ela não tinha os últimos lançamentos nem as produções próprias de hoje. A competição não se interessou em investir em infraestrutura ou catálogos digitais, e os clientes conseguiam ver quantos filmes quisessem a uma fração do custo mensal.

---

38 HELMER, H. **SEVEN POWERS**. Toronto: Deep Strategy, 2016.

Essa estratégia possibilitou que a Netflix varresse todos os mercados em que entrou. É claro que, com o passar do tempo, essa estratégia deixou de ser eficiente, à medida que todo o mercado se digitalizou.

Hoje, empresas como Disney e Amazon concorrem diretamente com o serviço, fazendo que o crescimento da Netflix seja impactado. Justamente por isso devemos lembrar que a estratégia não é um evento estático, e sim dinâmico. Ela muda quando as peças do tabuleiro mudam.

O Nubank é outro exemplo que usou a estratégia do contraposicionamento. Ao competir com os bancos tradicionais apenas utilizando o cartão de crédito, a empresa conseguiu atuar no ponto fraco que era comum a todo o mercado: a qualidade do atendimento. Com um app simples, no qual os clientes podiam ajustar o próprio limite, consultar a fatura e outras funcionalidades básicas, além de ter uma área de atendimento diferenciada, o banco conseguiu conquistar milhões de clientes em pouco tempo. Os bancos tradicionais não tinham interesse em competir pelo atendimento, preferindo focar eficiência e usando os mesmos atributos competitivos de sempre. A primeira vitória do Nubank foi conquistar clientes no cartão de crédito, para depois expandir nos demais serviços financeiros.

No recurso exclusivo, algumas empresas podem ter acesso a algo que o restante do mercado não consegue ter. Patentes e recursos naturais são dois exemplos dessa estratégia, aos quais é muito raro ter acesso, mas são armas poderosas quando existem.

Quando a Beats by Dre entrou no mercado de fones de ouvido, o fato de ter acesso ao rapper Dr. Dre e à influência dele no mercado de hip-hop fez que o custo promocional da empresa fosse muito menor, além de rapidamente possibilitar a criação de uma marca

Execução é (quase) tudo **117**

icônica (posteriormente adquiridapor aproximadamente 3 bilhões de dólares pela Apple).[39]

Outro exemplo interessante é a Disney, com o serviço de assinatura de streaming. Quando lançou, tinha acesso à propriedade intelectual sem paralelo no mercado, como Star Wars, Marvel e Pixar. Com isso conquistou rapidamente uma base gigantesca de assinantes em todo o mundo.

Como esse segundo ponto é extremamente raro, boa parte da estratégia de um novo entrante no mercado se resume a descobrir como encontrar um ângulo que o permita competir. O contraposicionamento geralmente é a estratégia mais comum e eficiente, mas a elaboração não deve parar por aí. Todas as perguntas precisam ser bem respondidas e pensadas. E quanto mais competitivo for o mercado, mais difícil será descobrir uma boa estratégia.

Garantir que tem um plano para executar essa estratégia.

Uma vez tendo a estratégia em mãos, chega o momento de desdobrá-la operacionalmente. É aí que começa o grande trabalho de execução: colocar as ideias em prática. E qual é o grande problema? Começar do zero, em geral com recursos extremamente limitados.

São comuns notícias de empresas levantando rodadas milionárias e contratando as melhores pessoas do mercado para tocar o negócio. **Lamento informar que esse provavelmente não será seu caso**. Essas startups são uma pequena fração do total existente. Você talvez consiga captar recursos mais para frente, mas não conte com esse dinheiro. No início serão apenas você, seus sócios (se houver) e muita vontade de fazer acontecer.

---

39 Apple to acquire Beats Music & Beats Electronics. **Apple**, 28 maio 2014. Disponível em: www.apple.com/newsroom/2014/05/28Apple-to-Acquire-Beats-Music-Beats-Electronics. Acesso em: 22 maio 2024.

Você vai ter de usar a criatividade e pensar em como colocar esse plano em prática. Não esqueça que as ideias de como executar o negócio são muito mais importantes do que as ideias de negócio em si.

A dica é: se você não consegue falar de maneira sintética e simples qual é seu plano em cada uma das frentes da empresa, volte para a prancheta. A simplicidade aqui é o nome do jogo. E você precisa exercitar diariamente seu poder de síntese.

Garantir que as pessoas estão alinhadas e comprometidas com esse plano.

Sei que seu time ainda é pequeno. Mas, se não é apenas uma pessoa (você), já existe a necessidade de alinhamento. O ambiente dinâmico da execução de um plano como esse muitas vezes faz parecer que está claro para todo mundo o que está sendo construído e quais são os próximos passos.

Faz parte de seu papel deixar extremamente claro para todos qual é o propósito do negócio, a visão, a estratégia e como vocês vão executar o plano. Acima de tudo, precisa ficar claro qual é o papel de cada integrante do time. Essa clareza vai tornar sua vida muito mais fácil e aumentar consideravelmente suas chances de sucesso.

Algumas pessoas vão dizer que se trata de um time "autogerenciado" e que todos "remam juntos". **Eu sinceramente não acredito em times autogerenciados nesse estágio de negócio. É preciso liderança e alinhamento**. Todo mundo precisa estar comprometido com o resultado. Sabe aqueles livros de liderança que condenam o microgerenciamento? Eu não acredito nisso. Os fundadores precisam ser microgerenciadores nessa etapa. **O cargo de todo mundo (incluindo o seu) é: fazedor**.

Ufa, agora está tudo resolvido. Rumo aos milhões de dólares. Infelizmente, essa foi a parte fácil. As etapas anteriores ajudam você

Execução é (quase) tudo **119**

a criar o ambiente para facilitar que as coisas aconteçam. Mas a luta de verdade é a próxima etapa.

Fazer o plano acontecer.

Milhares de livros de negócios, estudos de caso e discussões em sala de aula são centrados em estratégia e mostram os movimentos empresariais como se fossem etapas claras e ordenadas. Na vida real não é assim. Na vida real, a situação é muito mais caótica, e você precisa pensar em todos os detalhes envolvidos na execução da estratégia. E eu garanto: essa etapa é responsável por boa parte do sucesso de qualquer projeto.

Se fosse colocar um número, diria que é algo próximo de 90%. Sim, fazer acontecer corresponde a **pelo menos** 90% de seu projeto. Por quê? Por uma razão muito simples: as coisas quase nunca acontecem do jeito que você espera. Para que elas aconteçam, é necessário um incansável foco, energia e comprometimento com a visão estabelecida. Além de constantes correções de rumo.

Para isso, é preciso fazer as pazes com um fato: a responsabilidade é sempre sua. Como assim? Você não controla pandemias, guerras, inflação e tudo mais. Mas você controla como responde a esses fatores. Como falei anteriormente, chamo esses fatores de "problemas de gravidade". A força da gravidade atinge todos nós, sem exceção. Inclusive os concorrentes. É o que acontece com fatores macro. Você não pode controlá-los. Entretanto, em vários casos, pode administrá-los.

Quando entende que a responsabilidade do negócio é toda sua, fica mais fácil criar alternativas e planos. Talvez a culpa pelo que aconteceu não seja sua, como um colaborador ter uma postura pouco ética ou o servidor no qual seu app estava hospedado sair do ar, mas a responsabilidade ainda é sua. Então não adianta tentar descobrir quem é o "culpado". Seu trabalho é resolver o problema e garantir que ele não aconteça novamente.

A execução não é apenas seguir o plano. **Você pode seguir o plano à risca e ainda assim não dar certo**. Eu falei que tirar algo do papel envolve arte e ciência. Analisar os dados e tentar diagnosticar por que não está atingindo os resultados esperados é a ciência. Usar a criatividade para descobrir caminhos e manter a inteligência emocional em meio ao caos é a arte. As duas andam juntas. E seu trabalho é constantemente encontrar alternativas e aprender com o processo.

Olhando de fora, parece que é algo simples de fazer: garantir que as coisas aconteçam, focar e encontrar soluções para os problemas que surgirem. Nada pode ser mais distante da realidade. A guerra é uma boa analogia para isso. É fácil teorizar onde colocar as tropas, posicionar os tanques, planejar os tempos e movimentos. O difícil é quando a guerra começa e você precisa tomar decisões e ganhar a batalha em meio a explosões, tiros e mudanças constantes de cenário. É comum ficar atordoado e não entender para que lado avançar.

É aí que sua disciplina, capacidade de aprender e humildade intelectual entram em campo. São competências que você vai desenvolver todos os dias, ao longo de sua carreira empreendedora.

UMA BATALHA POR VEZ: ESCALANDO O EVEREST

Sempre gostei da metáfora do Everest para ajudar empreendedores a priorizar o que precisa ser feito nos negócios. Para alcançar os quase 9 mil metros da famosa montanha, não se pode simplesmente sair escalando, porque requer preparo e planejamento. Para ajudar os que se dispõem a trilhar essa jornada, criaram-se os basecamps, que

Execução é (quase) tudo **121**

são acampamentos onde os aventureiros podem se aclimatar com a altitude e se preparar para chegar ao próximo ponto. Cada parada em um basecamp dura dias.

Quando uso a metáfora do Everest, costumo falar que a melhor forma de planejar, especialmente quando se trata de um negócio inovador, é estabelecer o topo do Everest. Ou seja, aonde se quer chegar. Vamos imaginar que você esteja criando uma ONG para acabar com a fome no Brasil. O primeiro passo é dar clareza para a visão. Não basta ter uma visão macro. Você também precisa entender o que ela significa quantitativamente. Pegando o problema da fome, por exemplo, pode começar classificando as populações que passam fome (o IBGE tem níveis de insegurança alimentar,[40] por exemplo). Entender com clareza quem são, onde estão essas pessoas e quais são as prováveis razões para isso ajuda a ter a base para criar um plano.

Com a visão devidamente quantificada, começa-se a percorrer o Everest de trás para frente. Qual seria o último basecamp antes do topo? Por exemplo, acabar com a fome na região Nordeste do Brasil. À medida que vai descendo e definindo cada um dos grandes objetivos, vai se aproximando da situação atual. Quanto mais no início da jornada, mais rápidos e claros devem ser os basecamps.

Tendo uma visão ambiciosa, é preciso quebrá-la em partes menores, que ajudem a operacionalizá-la. Por exemplo, pode-se desenhar algo assim:

---

40 Conceitos para a análise da segurança alimentar no Brasil. **IBGE**, 06 out. 2021. Disponível em: https://www.ibge.gov.br/novo-portal-destaques/31825-conceitos-para-a-analise-da-seguranca-alimentar-no-brasil.html. Acesso em: 19 jun. 2024.

Topo do Everest	Acabar com a fome no Brasil
Basecamp 7	Acabar com a fome no Nordeste
Basecamp 6	Acabar com a fome na Região Norte
Basecamp 5	Acabar com a fome na Região Centro-Oeste
Basecamp 4	Acabar com a fome na Região Sul
Basecamp 3	Acabar com a fome na Região Sudeste
Basecamp 2	Acabar com a fome na Grande São Paulo
Basecamp 1	Acabar com a fome na região central de São Paulo

O primeiro desafio é acabar com a fome na região central de São Paulo. Para isso, é preciso determinar em quanto tempo isso vai acontecer e estabelecer objetivos ainda mais granulares no modelo de execução. Por exemplo:

◊ **Basecamp 1**: acabar com a fome na região central de São Paulo.
◊ **Data-alvo**: 1 ano.
◊ **Pontos a atingir**
  - Testar as formas mais efetivas para encontrar famílias em situação emergencial de segurança alimentar (1 mês).
  - Estabelecer parcerias com estabelecimentos da região (varejo), para garantir o abastecimento (2 meses).
  - Testar com a primeira sub-região (2 meses).

Execução é (quase) tudo **123**

- Garantir o abastecimento constante da região (1 mês).
- Avançar nas demais regiões (6 meses).

No exemplo do Helmuth, no início do capítulo, essa estratégia fica bem clara. A empresa dele tem a visão de transformar o comércio exterior globalmente, mas eles desenharam o passo a passo de modo a deixar cada basecamp bastante delimitado. Primeiro, trabalharam com portos, e em seguida, com armazéns. Posteriormente, avançaram para operadores logísticos e continuaram estabelecendo um objetivo por vez. Ainda existem vários entre eles e o objetivo final, e estabelecer etapas claras intermediárias ajuda a focar e executar com qualidade.

Os primeiros basecamps geralmente são simples de se definir. Um exemplo pode ser: "conseguir os primeiros cinquenta clientes pagantes". Fazer isso acontecer é função de todo o time. E você não deve medir esforços para atingir o objetivo no prazo estabelecido.

Parece fácil, não é? Se você já tentou algo assim, vai imediatamente dizer que não é nada fácil. Coisas acontecem. Além do gerenciamento das próprias emoções em meio à incerteza, existem todos os fatores que não planejamos.

A realidade adora espantar os nossos planos. E tudo bem! É para isso que estamos aqui, para contra-atacar, descobrir alternativas e sermos criativos. Acima de tudo, para executar de maneira impecável. **E executar não é cumprir o plano. Executar é cumprir o objetivo**. É atingir o topo do Everest.

Ao longo do caminho, será necessário fazer milhares de ajustes no planejamento. A única certeza é que a realidade vai bater à sua porta usando luvas de boxe.

Se você vai ter de replanejar, especialmente no início da jornada, para que ter um plano tão granularizado? A verdade é que esse plano tem várias outras funções. Ele serve para orientar você e o time e fazê-los focar o que é importante.

Empreendedores e criadores em geral têm um problema: adoram fazer coisas novas. É muito boa a sensação de descobrir caminhos diferentes. Isso é parte do que os faz criadores, mas também pode atrapalhar muito a execução e confundir o time. É muito comum que esse impulso cause aquela sensação de carro atolado, que acelera e não sai do lugar. Ter um plano coloca todos em um caminho virtuoso, de confronto com a realidade, em conjunto com a experimentação rigorosa.

Além disso, dividir a visão em etapas menores e gerenciáveis faz o objetivo não parecer impossível. **Com uma vitória pequena de cada vez, você se aproxima mais de sua visão.** E sabemos que ela pode ser atingida se você executar bem seu projeto.

A EXECUÇÃO POR ESTÁGIO DO NEGÓCIO

Sua estratégia de execução vai se adaptar ao longo de todo o ciclo de vida do negócio. Você também vai se adaptar para crescer com seu projeto. No início, não vai precisar de tantos processos e estrutura, mas, à medida que o time cresce e você se depara com uma estrutura mais complexa, não ter uma empresa organizada pode se tornar um grande gargalo.

Gosto de qualificar os estágios de um novo negócio em ideação, validação, crescimento e escala. Existem vários métodos para analisar um novo negócio, mas acredito que essa visão possa ajudar a simplificar o entendimento.

Vamos entender como cada estágio se define e a estratégia de execução para cada um:

Execução é (quase) tudo **125**

Estágio	O que acontece nesse estágio	Foco da execução
Ideação	Desenha-se a ideia e entende-se como será o projeto. Ainda não há nada no ar. Você conversa com clientes, cria a estratégia e os primeiros protótipos.	Garantir que as etapas de planejamento sejam cumpridas e todos entendam como será feita a validação do negócio. Reduzir a incerteza a partir do aprendizado com os clientes.
Validação	É quando o produto entra em contato com os clientes. Desenha experimentos e testa as hipóteses até que os clientes comprem, usem e não cancelem o produto. Ou comprem o produto com a frequência desejada. O objetivo é atingir o Product Market Fit.	Rodar experimentos com rigor científico e usar criatividade e disciplina para fazer os ajustes necessários no produto. Além disso, quer entender quem são os clientes ideais e como fazê-los extrair o máximo de valor da solução.
Crescimento	Uma vez tendo um produto com aderência dos clientes e boa aceitação comercial, esse é o momento de descobrir as melhores formas de distribuí-lo aos clientes ideais. Trabalha-se na máquina de vendas e na geração de demanda para alimentá-la. O objetivo final é ter uma versão estável do produto e pelo menos um canal relevante de crescimento.	Criar uma máquina consistente de marketing e vendas, com previsibilidade. Ainda são rodados experimentos, tanto em produto quanto em distribuição. As áreas de apoio (administrativo, recursos humanos) são estruturadas de maneira a garantir o recrutamento de novos talentos e qualidade mínima na gestão financeira. A empresa começa a ter processos claros em várias áreas.

Escala	A empresa já atingiu um tamanho de receita relevante e o produto já tem bastante estabilidade (provavelmente já na segunda ou terceira versão). A empresa tem processos claros em todas as áreas e o desafio é manter o ritmo de crescimento, entrando em novos mercados ou estendendo o portfólio de produtos.	Garantir que a empresa funcione como uma máquina azeitada e, ao mesmo tempo, continue crescendo com velocidade. Os sistemas e processos anteriores normalmente deixam de atender, e é comum precisar trazer gestores profissionais para algumas áreas-chave do negócio.

Quando se fala no cargo CEO, normalmente pensamos em pessoas bem pagas, com roupas chiques, tom de voz firme, tomando decisões como em um estudo de caso de Harvard. Na maior parte das novas empresas, eles não são assim. Essa visão clássica de CEOs vem das empresas tradicionais, onde já existem processos claros e estágios bastante avançados, há muitos anos em escala.

CEOs de empresas nos primeiros 5 a 10 anos são pessoas que garantem que as coisas estejam acontecendo da forma como deveriam. Ou seja, são pessoas comprometidas com a execução. Quase sempre essas pessoas estão envolvidas diretamente na operação. Sem mencionar o fato de provavelmente não serem as pessoas mais bem remuneradas na empresa. Olhando de fora, a semelhança entre as duas funções é praticamente o nome do cargo, pois todo o resto muda completamente.

O papel nesse estágio é garantir a execução do plano. Isso significa que você vai ter de vender, atuar no produto, garantir que a

Execução é (quase) tudo **127**

parte administrativa da empresa esteja rodando bem e que todos conheçam e comprem a visão do negócio.

Você não vai ter dinheiro para contratar os talentos de que precisaria e vai ter de compensar a falta de experiência e senioridade com sua energia e criatividade. Vai ter gente que vai crescer com você, outras pessoas vão ficar no caminho. Algumas vão abandonar o barco.

Em meio a todo esse caos, sua única pergunta deve ser: estou avançando a empresa em direção à minha visão?

Focar aquilo que é importante naquele momento para construir a visão estabelecida é o principal trabalho do CEO – praticamente o único trabalho. E isso vai exigir tudo de você. Absolutamente tudo. Esse impacto pode ser particularmente grande para pessoas que vieram do mercado corporativo tradicional, mas não se deixe abalar. Com o tempo, você se acostuma e se torna cada vez melhor em execução.

Execução é uma das poucas disciplinas que não são abordadas com a intensidade e a frequência que deveriam. E deveríamos ser eternos aprendizes desse tema, entendendo principalmente o que funciona para a gente.

7.

PREPARANDO-SE PARA O DESAFIO

Começar uma jornada empreendedora não é algo trivial. Já falamos bastante das dificuldades e dos fantasmas que normalmente assombram a hora de tomar essa decisão. Se você chegou até aqui, provavelmente já está claro que precisa colocar algo seu no mundo. Neste capítulo, quero falar sobre como você se prepara para encarar essa aventura. Algumas coisas que vou descrever são óbvias, outras nem tanto. Vou colocar aqui o que gostaria que tivessem me dito no início de minha jornada.

Durante boa parte de minha carreira empreendedora, atuei no piloto automático. Fazia "o que precisava ser feito" sem pensar no que estava criando ou em qual era meu propósito. Minha ética de trabalho sempre foi acima da média, com um grande senso de responsabilidade. Isso me ajudou muito, mas esse senso de responsabilidade cego também me impediu de ter feito muito mais progresso na direção do que eu realmente queria. Só consegui progredir em meus termos quando tive clareza de aonde queria chegar.

Essa sensação de piloto automático é muito comum e um grande desperdício. Especialmente se você tiver uma boa capacidade de execução. Direcionar os esforços na direção de seu propósito e de sua visão pode realmente transformar a maneira como você se sente e os resultados de seu trabalho.

Eu não tive orientação. Na verdade, nem sabia que estava empreendendo. As coisas foram ficando claras com o passar do tempo. Eu não entendia o jogo que estava jogando nem por quê. E eu teria

131

pulado várias dolorosas etapas se tivesse tido acesso aos pontos que vou abordar aqui.

O que você vai ler agora independe do tipo de projeto que você está criando. São tópicos que reuni com base em meu aprendizado pessoal e no convívio com centenas de empreendedores ao longo dos anos.

ENTENDENDO O JOGO QUE ESTÁ JOGANDO

Estou presumindo que você já sabe por que está criando algo. Também presumo que já esteja claro que isso vai consumir quase toda sua energia e seu tempo. Além disso, é fundamental entender o jogo que você está jogando. No livro *O jogo infinito*,[41] Simon Sinek diferencia dois tipos de jogo: finitos e infinitos.

Nos jogos finitos, os jogadores são conhecidos, e o jogo termina quando chega ao objetivo determinado. Já nos jogos infinitos podem existir jogadores conhecidos e desconhecidos, e as regras e os objetivos não são claros. Como não se consegue vencê-los, a alternativa é permanecer jogando.

Um negócio é claramente um jogo infinito. Dentro dos limites da ética e da lei, pode-se fazer o que quiser com uma empresa. Não existe uma linha de chegada determinada. Algumas pessoas escolhem vender o negócio, outras querem mantê-lo para o resto da vida e, inclusive, passá-lo para os filhos. É como se estivessem jogando um RPG[42] e ditassem as regras do que deve acontecer em seguida.

---

41 SINEK, S. **O jogo infinito**. Rio de Janeiro: Sextante, 2020.

42 Um jogo de interpretação de papéis no qual os jogadores assumem personagens fictícios e colaborativamente criam uma narrativa, tomando decisões e resolvendo desafios com base em regras predefinidas.

Acho essa visão libertadora. Falei anteriormente sobre não comprar sonhos de terceiros. E é justamente disso que estou falando agora. Esse negócio é seu, é seu universo, e você pode fazer o que quiser com ele. Se por um lado a responsabilidade é grande, tanto com as pessoas que você coloca a bordo quanto com todo o ecossistema com o qual ele está conectado, por outro lado você pode criar a própria realidade. Seu novo negócio é um quadro em branco.

Em vez de perder tempo se estressando com concorrentes ou com a percepção de pessoas externas ao negócio, o mais importante é a sua régua. O que você está criando? Isso está claro? Esse é o único compromisso que você assume. Com você mesmo.

Já falei outras vezes desse tema, mas é sempre importante reforçar. Esse projeto é seu e de seus sócios. Somente vocês conseguem estabelecer os critérios de sucesso. A dica é escrever esses critérios. Escrever o topo do Everest. Esse investimento de tempo é muito importante, pois é para essas anotações que você vai retornar quando as coisas começarem a ficar difíceis.

PREPARO EMOCIONAL É MAIS IMPORTANTE QUE PREPARO TÉCNICO

Aposto que você recebeu diversas dicas de livros, podcasts e afins quando começou a empreender. Isso é fundamental e ajuda a dar vários passos na direção de seus objetivos. **Mas se eu fosse colocar um peso nos fatores que levam alguém que está criando um negócio ao sucesso, diria que as competências emocionais são mais importantes que as técnicas.** Acredito nisso por ter sido obcecado pelas competências técnicas por muitos anos e conseguido resultados surpreendentes apenas quando comecei a olhar para o lado emocional com a mesma intensidade.

A capacidade emocional de lidar com um novo negócio e todos os desafios que surgem ao longo do processo é crítica, inclusive, para adquirir as competências técnicas necessárias. A jornada vai exigir tudo de você e mais um pouco. E é fundamental se preparar para isso.

O maior inimigo nesse processo é o ego. Criar um negócio vai colocar você de joelhos frequentemente, e somente colocando seu ego em uma caixinha, guardada lá no fundo do armário, você vai conseguir sacudir a poeira e seguir em frente. Com o tempo, você vai perceber que fazer o que é certo é muito melhor do que estar certo. Vai aprender que a saída de uma pessoa-chave do time não é o fim do mundo e que não é algo pessoal. Também vai entender que pedir ajuda não é um sinal de fraqueza. Muito pelo contrário.

Como se preparar para tudo isso? O primeiro passo é trabalhar no autoconhecimento. Já fez terapia? Já entende seus pontos fortes e fracos? Já sabe onde o sapato aperta? Saiba que o sapato vai apertar constantemente ao longo dos anos. Certifique-se de que você tem uma rede de apoio e converse com seus amigos sobre a jornada que quer iniciar.

Iniciar uma prática diária de meditação ajuda muito. Certamente me ajudou. E não fiz isso com monges no Tibet, e sim com diversos apps. Meus favoritos são o Headspace e o Waking Up. Sugiro que você teste vários métodos e não desista antes de pelo menos um mês de prática diária. Os resultados são surpreendentes. Especialmente na identificação de seus próprios sentimentos e na capacidade de se acalmar.

Uma rede de suporte ajuda muito também, especialmente se for composta de quem está passando pelo mesmo que você. Existem diversas comunidades de empreendedores às quais você pode se juntar. Nos encontros, você pode ser vulnerável e expor suas inseguranças. Tenha certeza de que os demais estão passando por algo parecido ou já superaram o desafio que você está enfrentando.

Parar para perceber como você está se sentindo não é apenas algo aliado ao bem-estar. Muitas vezes sua mente está tentando expressar uma preocupação que você não percebe conscientemente. O ato de parar e refletir é poderoso. Você pode fazer isso escrevendo, dando longas caminhadas ou conversando com alguém. O mais importante é não se descuidar de suas emoções.

Burnout se tornou um tema bastante discutido nos últimos anos. A síndrome foi definida há mais de quarenta anos e diz respeito ao esgotamento físico e mental oriundo de uma intensa jornada obsessiva de trabalho ao longo de um período prolongado. Se não administrado, o burnout pode ter desdobramentos mais graves, como depressão e problemas sérios de saúde. Aquela vontade de jogar tudo para o alto é um sintoma bastante típico de quem está sofrendo com essa síndrome. E adivinha? Empreendedores são bastante propensos ao burnout.[43]

Isso acontece porque vivem longas horas de trabalho, regadas com muita incerteza e ansiedade sobre o futuro. Eu já fui acometido por burnout mais de uma vez. Com o tempo, passei a identificar os sinais de alerta antes de acontecer e pude tomar as devidas medidas. Quanto mais você presta atenção às suas emoções e ao seu corpo, mais fácil é entender o que está acontecendo.

Não vou mentir e dizer que a jornada empreendedora é superequilibrada e com muita "qualidade de vida" (coloco entre aspas por acreditar que seja um conceito abstrato demais e individual para generalizar). Haverá momentos muito duros e difíceis. A boa notícia é

---

43 SERRANO, L. Estudo Endeavor: 94% dos empreendedores já sofreram com alguma doença mental. **Exame**, 20 mar. 2024. Disponível em: https://exame com/carreira/estudo-endeavor-94-dos-empreendedores-ja-sofreram-com-alguma-doenca-mental. Acesso em: 1 jul. 2024.

que, ao longo do tempo, você vai adquirindo a capacidade de lidar de forma muito melhor com toda essa incerteza e estresse.

Mas preste muita atenção ao que você está sentindo e como está interagindo com as pessoas à sua volta. Muitas vezes suas reações são sinais bastante evidentes. E é claro que cuidar de sua saúde em geral vai ajudar muito no gerenciamento das emoções, como vamos ver a seguir.

CUIDAR DA SAÚDE NÃO É OPCIONAL

Uma das coisas mais irritantes de ouvir para quem tem uma personalidade direcionada à realização é: "Você precisa pegar mais leve". Em primeiro lugar, não sabemos como pegar mais leve. Em segundo lugar, adoramos a intensidade de executar nossos projetos. Estamos sempre pensando no que fazer em seguida, estudando novos ângulos, e isso faz parte de quem somos. Mas invariavelmente algo acontece: nosso corpo começa a sentir.

No começo são dores, às vezes sintomas no estômago. Começamos a tomar remédio para gastrite. As noites maldormidas vão cobrando um preço. Quando menos esperamos, acontece o nosso maior medo: o rendimento cai. Isso quando não nos deparamos com uma condição mais séria de saúde.

Uma vez ouvi esta frase e a cito sempre que posso: "A pessoa que tem saúde tem vários problemas. A que não tem saúde só tem um". É uma verdade simples e poderosa.

Aprendi que falar para uma pessoa com essas características que ela deve maneirar não tem efeito algum. **Essa palavra não existe no dicionário desse tipo de pessoa. Em vez disso, existe uma forma muito mais efetiva: trabalhar para melhorar ainda mais a performance**.

Imagine que você é um atleta de elite. Você consegue se visualizar treinando dia e noite? Na verdade, os melhores atletas sabem

136 Contra a corrente

o poder do descanso. Eles usam todo o arsenal que têm à disposição para garantir que quando entram em campo podem dar tudo de si. O descanso faz parte do treino e os ajuda a conseguir a melhor performance possível.

Acredito que existam três elementos básicos na saúde: sono, exercícios físicos e alimentação. O sono é o mais fácil de entender, pois tem o impacto mais óbvio no bem-estar. As noites não dormidas cobram o preço no dia seguinte. Quanto mais velho você fica, mais alto é esse preço. Mas o mais grave não são as noites em que fica trabalhando até mais tarde. O problema geralmente está na constante redução do tempo ideal de sono (entre seis e oito horas), que normalmente não tem um impacto imediato no rendimento, vai afetando aos poucos a saúde, inclusive a mental.

Exercícios físicos são bastante difíceis de encaixar na rotina de quem tem uma vida intensa, como é o seu caso. Mas você precisa colocá-los na agenda pelo menos três vezes por semana. Não precisa ser muito elaborado, mas é preciso exercitar o sistema cardiovascular e os músculos. Em meu caso, gosto de fazer isso logo cedo, assim que acordo, de modo que esse ponto já esteja resolvido quando começo a trabalhar naquilo em que estou focado no momento.

A alimentação é outro desafio importante. Existem milhares de dicas e dietas malucas nas mídias sociais. Via de regra, gosto de evitar comida processada e reduzir o consumo de carboidratos brancos, mas existem ótimos profissionais de nutrição que podem ajudar você a criar um plano que funcione em sua rotina.

O mais importante é você encarar esses pontos como parte de seu trabalho, e não algo que você faz se der tempo. Incluir e integrar sua saúde em sua rotina vai ajudar a ter uma jornada mais rica e produtiva. Lembre-se de que você joga um jogo infinito, e sua saúde bem cuidada vai ajudar a dar seu melhor todos os dias.

RELEMBRE-SE CONSTANTEMENTE DO PORQUÊ

Criar algo novo vai sempre receber resistência. Como falamos, **o mercado não está recebendo você de braços abertos**. É exatamente o contrário. Você vai nadar contra a corrente. Alguns dias essa resistência não vai impactar sua percepção de mundo; em outros, vai parecer que tudo está perdido.

Essa montanha-russa emocional é parte do projeto. Não existe maneira de fugir.

Eu gosto de pensar na analogia com videogames. Sabe aquele chefão no início do jogo? É difícil de vencer. Mas, quando você passa por ele, aprende algo novo e está pronto para o próximo chefão, que é igualmente difícil.

O design dos jogos busca manter o mesmo nível de dificuldade, mesmo que as habilidades do jogador melhorem constantemente. Criar um novo negócio é igual. Todos os desafios que você está enfrentando vão testar o limite de suas habilidades. E sempre vai existir um desafio maior logo na sequência.

Muitas pessoas se desmotivam nos primeiros obstáculos. Algumas descobrem que não deveriam estar criando algo novo. Outras entendem que isso faz parte da jornada e que as dificuldades fazem parte do jogo e, com o tempo, começam a gostar do processo. Mas mesmo as pessoas mais resilientes muitas vezes pensam em jogar a toalha, especialmente quando enfrentam situações muito difíceis. E mais ainda quando vivem mais de uma situação muito difícil simultaneamente. É nesses momentos que você precisa resgatar seu propósito.

Você precisa de sentido. Precisa entender que aquele esforço todo, aquela luta sem fim, tem uma razão. A razão que você mesmo definiu no início da jornada. Nas horas mais difíceis, precisa parar para se lembrar do porquê.

Existem algumas formas de fazer isso. A mais comum é colocar no papel, como mencionei anteriormente. Documentar as razões pelas quais você decidiu criar esse novo projeto e o que você pretende com ele. Estou presumindo que você já parou para pensar nisso. Caso você já esteja na jornada e ainda não tenha parado, nunca é tarde demais. Eu uso várias formas para me relembrar do porquê. Uma delas é escrever em um lugar que eu consiga ler frequentemente. Outra é gravar áudios para mim mesmo no celular e ouvir periodicamente.

O mais importante é: ninguém vai fazer isso por você. Somente você sabe quando é a hora de se relembrar. E fazer isso é crítico para manter o foco naquilo que é importante.

VOCÊ PRECISA CRESCER COM O NEGÓCIO

Vamos nos manter na metáfora dos jogos. À medida que os desafios vão ficando mais difíceis e os chefes de fase vão ficando mais poderosos, suas habilidades precisam acompanhar ou você não conseguirá evoluir seu negócio.

Assim como seu negócio evolui, conquista mais clientes, mais receita e melhora o produto, você precisa crescer como empreendedor. Essa afirmação é óbvia, mas é mais comum as pessoas não conseguirem acompanhar as necessidades do negócio do que o contrário. E você sabe qual o resultado disso? Invariavelmente o negócio vai parar de evoluir. Seu teto é o teto da sua empresa.

Se você já estiver tocando um negócio e olhar um ano para trás na história, qual sentimento que vai prevalecer? Se surgir certa vergonha das decisões tomadas e a certeza de que hoje você venceria muito mais rápido os desafios do passado, isso provavelmente significa que você está crescendo. E é disto que precisamos: evolução constante.

A pergunta importante é: como evoluir de forma disciplinada e intencional? A resposta é uma mistura de fatores. É claro que a experiência ainda é o ponto mais importante. Por mais que você estude, estar realmente naquela situação é algo que não tem substitutos, mas existem várias ferramentas que você pode utilizar. A leitura é uma delas. Afinal, é o que você está fazendo aqui, não é? Buscar conhecimento pela leitura ajuda a desenvolver novas competências, e não me refiro apenas a livros técnicos. Provavelmente as leituras que mais me ajudaram foram biografias de empreendedores, em especial as autobiografias. Entrar na cabeça de pessoas que compartilham a mesma experiência que você é muito rico e permite que você perceba que criar um negócio é algo que não tem regras de fato.

Conversar com pessoas que já fizeram coisas parecidas também ajuda muito. Você se surpreenderia com como as pessoas estão abertas a falar sobre assuntos delicados quando existe um ambiente seguro e elas sentem que estão ajudando alguém. Cursos são outra ferramenta importante. Eu também me beneficiei muito fazendo coaching. O olhar mais prático e ferramental me ajudou a enxergar o que eu antes não conseguia.

Mais do que absorver conhecimentos de todas essas fontes, a prática é fundamental. Ou seja, não adianta você ler a respeito de determinada técnica e não a aplicar de forma disciplinada no dia a dia. Acredito que manter um registro dos aprendizados e entender o que funcionou ou não pode ser uma ótima maneira de estar constantemente aprendendo e evoluindo.

A beleza de ter um negócio só seu é que você sempre pode testar novos conceitos e entender se eles funcionam na prática. Várias vezes já testei metodologias e conceitos que não se provaram efetivos. E tudo bem. Aprendi com isso e desenvolvi minhas próprias teorias. Sua empresa é sua escola e seu laboratório. Só não se esqueça de sua responsabilidade com sua equipe. Eles merecem seu melhor e precisam que você evolua e os leve junto.

ESCOLHER AS PESSOAS CERTAS PARA ACOMPANHAR A JORNADA É BOA PARTE DO SUCESSO

Um negócio é feito por pessoas. Na teoria, isso é algo que todos já sabem. Na prática, as coisas são diferentes. Você acaba se distraindo com as milhares de coisas que precisa fazer no dia a dia. Quando se dá conta, não está priorizando de fato esse tema. E os resultados sofrem.

Já presenciei sociedades acabarem porque um dos sócios ficou sem dinheiro e precisou arranjar emprego. A melhor forma de mitigar esses riscos é com um diálogo aberto e conversas difíceis antes de iniciar a sociedade. Para auxiliar esse diálogo, reuni algumas perguntas que os sócios poderiam se fazer antes de todos se comprometerem com o negócio:

◊ **Quais são as condições de suas finanças pessoais? Quanto tempo você consegue permanecer sem receber um salário?** Esse é um tema muito sensível para a maioria das pessoas, e muita gente acaba entrando de cabeça no projeto sem um planejamento financeiro que aumente as chances de sucesso. Lembre-se da regra dos dois anos de economias.

Preparando-se para o desafio **141**

◊ **Qual é seu objetivo pessoal com essa empresa?**

Existem pessoas que querem começar a colocar os lucros do negócio no bolso em um ou dois anos. Outras preferem reinvestir todo o caixa no crescimento da empresa. Já vi muitos casos em que a empresa recebe uma oferta de aquisição interessante, descobrindo na sequência que alguns sócios querem aceitá-la e outros querem continuar construindo o negócio por mais alguns anos. Esse tipo de coisa pode ser facilmente discutido e combinado logo no início.

◊ **Como vamos tomar decisões na empresa?**

A tomada de decisão rápida e consistente garante que a empresa continue avançando na direção de sua visão. O problema é quando as regras para a tomada de decisão não estão claras desde o início. Em muitas situações, os sócios acabam não decidindo quem tem o voto final ou como gerenciar impasses decisórios. Esse tipo de situação faz que as decisões deixem de ser as melhores possíveis para o negócio para acomodar os interesses e as opiniões de todos. Acredito que a liderança seja fundamental para que o negócio funcione e tenha a velocidade necessária. Decidir quem vai ser o CEO e como serão tomadas as decisões é de suma importância.

◊ **O que acontece se algum dos sócios quiser sair do negócio?**

Acredito firmemente que o negócio e a visão devem prevalecer sobre interesses individuais. Infelizmente, as pessoas às vezes decidem sair do negócio. Isso acontece com certa frequência. Nesses momentos, quando uma regra clara não foi estabelecida, acaba acontecendo um longo processo de discussões e concessões para garantir a recompra da participação dessa pessoa. Em muitos casos não se chega a um acordo e quem sai permanece como sócio na empresa. Muitas vezes essa situação prejudica a capacidade do negócio de encontrar investimento ou trazer novos talentos como sócios. Isso sem mencionar o gosto amargo na boca dos sócios que ficam no negócio. Regras claras para a entrada e saída de novos sócios devem ser combinadas logo no início.

◊ **Como vamos garantir uma comunicação aberta, direta e constante?**

Muitos dos problemas de relacionamento entre sócios acontecem devido a má comunicação entre todos. Em alguns casos, uma performance ruim de um dos sócios não é encarada de frente pelos demais. Em outras situações, para evitar conflitos, os sócios dividem a empresa em partes, de modo que um não interfira nas atividades do outro. Qualquer coisa que impeça a máxima integração e o diálogo coloca o negócio em risco. É necessário enfrentar os problemas de frente, de peito aberto.

Essas são apenas algumas perguntas que podem ser feitas em uma conversa franca entre todos os sócios da empresa. Geralmente esse alinhamento antecipado poupa muita dor de cabeça. É muito triste ver uma história bonita ser afetada por pequenos problemas que se tornam enormes com o tempo, como uma bola de neve rolando em uma montanha. E você precisa assumir a responsabilidade e liderar essas conversas.

Preparando-se para o desafio **143**

BONS ADVOGADOS NÃO SÃO CAROS

Também já vi essa história várias vezes. Você está começando um novo negócio. O dinheiro está saindo diretamente de seu bolso e você está preocupado com tudo que vai precisar investir. Alguém sugere um advogado que trabalhou em um caso de sua família e faz um preço bastante competitivo. Você contrata essa pessoa, que rapidamente redige os contratos, e a vida segue.

Em primeiro lugar, qual era a especialidade do profissional escolhido? Muitas vezes esses contratos têm especificidades importantes. E é aí que o barato sai caro.

No começo você não percebe, pois está com a atenção focada na empresa e a intensidade da rotina toma conta. Até você precisar captar um investimento ou ter um problema societário. Então de repente sua vida se torna um inferno, pois você descobre coisas que não tinha a menor ideia de que podiam acontecer.

Várias vezes há na mídia notícias de empresas vendidas ou operações grandes de investimento. Em vários desses casos, os sócios deixam na mesa muito dinheiro por não terem sido assessorados por alguém bom e experiente.

Acredite em mim quando digo que esse vai ser um excelente investimento para você e seu negócio. Seja bem assessorado quando você estiver documentando os acordos e as regras estabelecidas entre os sócios e quando a empresa for receber investimento. Esse investimento compensa muito lá na frente.

COMBINE O JOGO COM SUA FAMÍLIA

Você pode estar confortável em encarar vários anos tocando seu negócio sem tirar muito dinheiro dele. Sem falar no fato de que tudo pode dar errado e você acabar sem nada. Todo mundo que cria um negócio sabe que essa é uma possibilidade muito real. Faz parte do jogo. Você entende os riscos disso. Mas e sua família?

Há alguns anos, um empreendedor veio me procurar, preocupado com o negócio dele. Quando comecei a tentar diagnosticar o problema da empresa, rapidamente ficou claro que o problema estava em casa. Esse empreendedor não tinha se sentado com a esposa e alinhado o que significava a jornada que estava iniciando. Ambos trabalhavam em grandes empresas, em cargos gerenciais, com uma renda confortável. Quando ele largou o emprego, não ficou claro que ela seguiria sustentando a família por vários anos. Também não estava claro que eles deveriam baixar o padrão de vida, incluindo a escola das crianças, por exemplo. Pouco tempo depois, esse empreendedor decidiu encerrar a empresa e voltar ao emprego antigo. Esse tipo de problema poderia ter sido evitado com uma conversa franca entre o casal no início da jornada.

Se é fundamental ter conversas difíceis entre os sócios, o alinhamento em casa deve ter ainda mais prioridade. Já vi diversos casos em que uma das partes do casal não apenas segurou sozinha o orçamento familiar por vários anos como também apoiou a outra parte com incentivo e reforço positivo em cada problema encontrado no caminho. E isso faz toda a diferença.

Uma parceria forte em casa é um dos segredos da maioria das pessoas que empreende e consegue gerenciar bem as emoções durante toda a jornada.

O PODER DAS RESTRIÇÕES

Muitas vezes, em meio ao intenso processo de criação e gestão de um negócio, você para e pensa: "E se?". E se eu tivesse mais dinheiro? E se eu tivesse aquela superprofissional em meu projeto?

Preparando-se para o desafio **145**

O impulso é acreditar que, se as coisas fossem diferentes, a jornada seria mais fácil.

Isso gera sentimentos que não ajudam a evoluir e resolver o que precisa ser resolvido. O fato é que você não tem o dinheiro. Aquela pessoa não está em seu projeto. Essa é a realidade. E isso não é necessariamente ruim. Muito pelo contrário.

Se prestar atenção na história, vai perceber que ela é repleta de restrições e superações. São padrões que se repetem desde o início dos tempos. Os seres humanos foram feitos para lidar com adversidades e restrições, superando-as com criatividade e inovação.

A inovação quase nunca surge da abundância. Ela vem quando é preciso resolver um problema e existem diversas restrições, seja de tempo ou recursos limitados, descrença das pessoas ao redor, barreiras físicas e muito mais. Raramente uma grande inovação vem de alguém que estava ocioso e decidiu inovar. A esmagadora maioria vem de situações desesperadoras e da engenhosidade das pessoas para lidar com elas.

As restrições e as inovações podem ser observadas em países como Israel, que foi criado no meio do deserto e se tornou referência mundial em tecnologia. Ou como a SpaceX, que trouxe de volta a indústria aeroespacial para o imaginário popular. Essas empresas e países hoje são prósperos, mas não foi sempre assim. A prosperidade é criada a partir da superação de desafios.

Em vez de pensar em todas as coisas que você poderia ter para ir mais rápido, pense como você pode fazer marketing sem ter dinheiro ou como atender seus clientes muito melhor do que todos seus concorrentes do mercado. Tenho certeza de que você vai conseguir descobrir caminhos novos e criar valor como nunca imaginou.

O QUE MAIS VOCÊ PODE FAZER?

As sugestões que apresentei baseiam-se em minha experiência como empreendedor e no contato com centenas de outras pessoas que seguiram esse caminho. Essa não é uma lista exaustiva, e acredito que existam vários outros passos que podem ser úteis no seu caso. Uma das sugestões mais comuns que costumo dar é conversar com outras pessoas que já percorreram esse caminho. Conversas francas com aqueles que estão alguns passos à frente podem trazer novas perspectivas e economizar tempo.

Mais do que seguir qualquer dica, é fundamental que você encare o processo com muita seriedade. Além disso, é importante evitar que o processo de preparação se torne interminável. Muitas vezes, ficamos presos à teoria porque é mais fácil. Tudo funciona bem em apresentações e planilhas, mas a realidade é bem diferente. Porém, é exatamente essa realidade que você deve abraçar. A melhor maneira de fazer isso é estabelecendo prazos para que as coisas aconteçam e comprometer-se com você mesmo.

Estabelecer compromissos consigo mesmo faz uma grande diferença no ritmo de desenvolvimento de um novo negócio. Por anos, foi necessário lidar com chefes que diziam o que fazer e quando entregar. Agora que você é seu próprio chefe, quem assume esse papel? Exatamente, você mesmo.

Embora possa parecer um pouco louco, quando estou trabalhando sozinho em um projeto, crio diferentes papéis para mim mesmo, e um deles é o de chefe. Estabeleço prazos, metas e desenho planos claros para atingi-las. Quando visto meu "chapéu de executor", minha tarefa é fazer esse plano acontecer. Isso funciona para mim, mas talvez você não precise desse estímulo.

O mais importante é tornar as coisas realidade e não ficar preso à teoria.

8.

VAMOS ESPERAR ESSA CRISE ACABAR

Certa manhã, quando entrei em uma reunião on-line, quase desejei que o vídeo estivesse indisponível. Os três fundadores da startup que eu estava aconselhando estavam com uma expressão facial que entregava tudo que estavam sentindo: derrota, pressão, desesperança. A pauta da reunião já entregava que ela seria densa, mesmo antes de iniciar: *layoffs*. Assim mesmo, uma palavra apenas.

"*Layoff*" é o termo em inglês que significa demissão em massa. No mundo das startups, usamos mais termos em inglês do que seria recomendável. Mas aquela reunião não tinha qualquer sinal de uma amigável e divertida conversa sobre o excesso de anglicismos em nosso vocabulário. A pauta exigia seriedade, pois estávamos discutindo o emprego de mais de 35 pessoas. Infelizmente não era uma pauta incomum na época em que o excesso de liquidez (dinheiro disponível) dos anos 2020 e 2021 foi drasticamente reduzido com a alta dos juros. As perspectivas de rodadas de investimentos se esgotaram do dia para noite. Times de fundadores de startups, em todo o mundo, tiveram de ter as conversas mais difíceis da carreira empreendedora deles.

A situação era muito simples: a empresa morreria se continuasse queimando caixa na velocidade em que estava. Todas as premissas foram montadas em cima de uma possível rodada de investimentos futura. Rodada essa que não existiria mais. A solução era mexer na única variável possível: os custos da empresa. Em startups, boa par-

149

te dos custos está atrelada a pessoas, fazendo que os cortes reflitam, invariavelmente, em *layoffs*. Estamos falando de gente comprometida, que estava dando duro para executar o plano desenhado.

Os três fundadores estavam se sentindo péssimos. E eu os entendo perfeitamente. Nada dói mais do que "cortar na carne" do próprio negócio. Além de um sentimento de incompetência, existem sempre dúvidas pairando no ar: Será que vou ter de fazer mais cortes? Será que vamos sair dessa?

Um dos fundadores estava fazendo contas, tentando entender se seria necessário fazer um *layoff* tão grande. O outro falava pouco, dava para ver que não estava emocionalmente presente. O CEO da empresa fazia perguntas, tentando entender minhas experiências passadas.

A empresa ainda tinha a previsão de dez meses de vida. Chamamos esse período de *runway*, que é basicamente o total de caixa disponível no momento, dividido pela queima mensal de caixa. Ou seja, se a empresa tem 200 mil reais no banco e todo mês gasta 20 mil reais, o *runway* total é de dez meses. Esses são os fatos brutais com que todos os times à frente de um negócio precisam lidar. Não acreditávamos que a empresa conseguiria captar uma rodada em menos de 24 meses. E eu até achei essa previsão otimista. Só havia uma saída: cortar custos e buscar a lucratividade, de modo a não depender do que poderia acontecer com o mercado.

Na cabeça dos empreendedores, ter de lidar com uma situação como essa é a antítese do que entendem como uma bela jornada empreendedora. Muito pelo contrário, é um fracasso absoluto. Eu detesto ter de fazer esse tipo de movimento. No início de minha jornada, passei por uma situação semelhante e prometi a mim mesmo que não deixaria mais isso acontecer. Desde então, entender

150 Contra a corrente

essa dinâmica se tornou uma prioridade em todos os negócios que faço. Mas claramente aquela situação exigia esse movimento.

— Quem sabe a gente reduz apenas um terço do efetivo e depois entende se o mercado melhorou. Talvez não seja necessário fazer um corte tão drástico — disse o empreendedor, como se esperasse uma intervenção divina.

— E a insegurança que vai ficar no negócio depois disso? Caso você tenha que fazer um novo corte, como vai segurar o moral do time? — reforcei.

Ele suspirou, concordando.

Foi quando me dei conta de que a questão principal não estava na planilha. Era aritmética simples. O ponto principal estava na forma de pensar. Não se pode fazer um movimento tão agressivo como esse sem pensar em questões críticas do negócio, como marketing, vendas e investimento em produto. Tudo isso seria afetado e precisaria de toda energia, otimismo e força de vontade dos fundadores. Foi quando eu perguntei:

— Como vocês estão se sentindo em relação a todos esses movimentos? O que passa pela cabeça de vocês?

— Derrota — disse o sócio que estava quieto desde o início da conversa.

— Insegurança. A empresa está montada para operar com o número atual de pessoas. Eu francamente não sei como vamos entregar o número — disse o CEO.

— Vamos entender juntos como podemos pensar a situação — falei. — Se vocês montassem uma nova empresa hoje, usando tudo o que aprenderam com essa jornada de quatro anos, em quanto tempo chegariam a um resultado relevante?

— Metade do tempo.

— Ou menos — falou o sócio quieto.

— E se eu dissesse que vocês não estariam começando do zero, já largariam com uma carteira de clientes, um produto desenvolvido e faturamento? — perguntei.

— Menos tempo ainda.

— Pois é exatamente a situação em que vocês se encontram agora. Vocês estão recomeçando, com clientes pagantes, produtos e tudo mais. Vocês estão recomeçando com muito mais capacidade para entregar. Entendo que uma das piores situações da jornada é ter de demitir alguém por um erro nosso. É praticamente um pecado capital — falei. — Mas pensem nos demais colaboradores. São pessoas que continuam aqui e precisam de toda energia de vocês três.

— Eu não tinha pensado dessa forma — disse o mais quieto. — Acho que pode fazer sentido.

A partir daí, começamos a desenhar um novo plano. Pensamos em todas as variáveis do negócio, desde como lidaríamos com a área comercial até um novo *roadmap* (inglês novamente) de produto. Durante a conversa, conseguimos definir uma estratégia com a qual todos concordaram. As demissões foram feitas dois dias depois e foi uma experiência muito ruim, como já esperávamos. Mas a conversa com o time remanescente foi bem-feita e todos entenderam as razões e o novo plano do negócio.

Alguns meses depois, voltei a falar com o time, e o ânimo tinha voltado. Com uma equipe menor, todos mergulharam mais na operação, focaram o essencial e estavam conseguindo crescer a um ritmo mais acelerado do que antes. Equilibraram os custos e as despesas da empresa em apenas quatro meses e não precisavam mais de dinheiro de investidores para se manter vivos. Também ajudaram pessoalmente na recolocação de cada uma das pessoas desligadas, e algumas delas até voltaram ao negócio depois de algum tempo.

Essa situação é muito mais comum do que você imagina. Uma crise externa deflagra uma crise interna no negócio. A chave, portanto, é não criar negócios em tempos de crise, certo? Errado. E vou explicar o porquê.

Quem já viveu algumas décadas presenciou diversas crises. Elas acontecem de tempos em tempos. Às vezes são deflagradas por alguma distorção em um mercado e contaminam os demais, como a crise do subprime nos Estados Unidos, em 2008, ou a bolha da internet em 2000. Muitas vezes ela ocorre devido a fenômenos alheios ao mercado, como a crise do petróleo de 1973, que foi oriunda da Guerra do Yom Kippur, em Israel. O fato é que crises vão acontecer e não há nada que você possa fazer a respeito.

Se você criar seu negócio em tempos de bonança, tenha certeza de que acontecerá uma crise no meio do caminho, especialmente se você estiver mirando o longo prazo. Essa crise poderá ter um impacto grande ou pequeno em sua trajetória. Algumas delas praticamente não afetam seu negócio, outras trazem um risco existencial, como o exemplo que acabei de dar.

Uma das poucas certezas que você pode ter é que uma crise vai ocorrer ao longo de sua jornada. Essa crise afetará o mercado de formas imprevisíveis. Algumas estão se desenvolvendo há algum tempo, outras acontecem do dia para a noite, como a crise de covid-19.

A crise recente que impactou o mercado de investimentos em startups já estava se avizinhando havia algum tempo. O excesso de liquidez no mercado financeiro fez que todas as classes de ativos crescessem consideravelmente. Venture capital, que é a categoria

Vamos esperar essa crise acabar **153**

de investimentos em startups, foi consideravelmente impactada. O mercado recebeu bilhões de dólares, e começamos a observar rodadas cada vez maiores e uma sensibilidade cada vez menor por parte dos investidores ao *valuation* (valor de mercado) das startups. O número de unicórnios (startups avaliadas em mais de 1 bilhão de dólares) mais do que dobrou em 2021.[44] Quando comparávamos o valor de mercado dessas startups com sua performance em métricas como faturamento, crescimento do número de clientes e outros fundamentos, percebíamos que existia um descasamento com a realidade. Um reajuste era inevitável. A questão era a severidade e quando esse reajuste aconteceria.

Infelizmente esse reajuste foi bastante severo, deixando em situação muito difícil várias empresas que captaram rodadas grandes de investimento. A maioria achava que conseguiria facilmente captar quando precisasse. A realidade chegou, e vimos demissões em massa acontecendo em todo o setor. Felizmente esses profissionais são extremamente qualificados e a grande maioria se recolocou rapidamente no mercado. Mas os empreendedores tiveram que lidar com reajustes enormes de *valuation*. Algumas empresas perderam 80% ou até mais do valor quando conseguiam captar novas rodadas. Outras foram adquiridas ou simplesmente deixaram de existir.

QUAL É O SEU SEGURO?

Ao ler este capítulo, talvez você esteja repensando sua intenção de empreender. "Obrigado, Pedro, pelo balde de água fria!". Muito pelo contrário.

---

44 THE COMPLETE List Of Unicorn Companies. **CB Insights**. Disponível em: www.cbinsights.com/research-unicorn-companies. Acesso em: 23 maio 2024.

O objetivo deste capítulo é mostrar para você que crises vão acontecer. E você não pode fazer nada para impedi-las. O que eu não mencionei no relato anterior é que, ao mesmo tempo que o mercado castiga algumas empresas, fazendo que deixem de existir, outras crescem e se destacam. Por exemplo, enquanto líamos notícias ruins a respeito da situação das startups, surgiu o ChatGPT, produzido pela OpenAI, que se tornou um dos produtos mais bem-sucedidos de todos os tempos. A empresa conseguiu captar bilhões em meio a um mar de notícias negativas.

Só existem duas coisas que podem matar um negócio: **quando acaba o dinheiro e quando acaba o gás do time empreendedor.** Eu acredito que todos os outros fatores podem ser contornados. No exemplo da empresa do início do capítulo, as duas coisas estavam acontecendo ao mesmo tempo: o dinheiro acabando e impactando a moral do time de fundadores. Mas, enquanto existe caixa, a empresa está viva. E o coração pulsante é a motivação de quem está à frente.

Este é o único seguro que as empresas têm: quem toca o negócio. Ou seja, você. E é justamente por isso que se deve avaliar principalmente o time empreendedor ao tomar decisões de investimento. Por mais que você desenhe futuros possíveis, existem milhares de coisas que não conseguirá prever. Porém, é possível estimar se o time tem a capacidade de lidar com os problemas que invariavelmente surgirão.

Seu papel à frente de um negócio é garantir que a empresa sobreviva e cresça. Para isso, você precisa cuidar da própria motivação.

Sempre que alguma empresa que não está indo bem culpa a economia ou fatores externos, eu raramente levo em consideração. Salvo algumas exceções, como uma mudança regulatória importante, em geral não faz sentido culpar o ambiente. Afinal, todas as demais empresas estão submetidas ao mesmo problema. Se isso fosse verdade, todas estariam performando mal. E sabemos que isso não é verdade. Normalmente existem aquelas que conseguem navegar em mares agitados e outras que sucumbem.

Como já mencionei, costumo chamar esses problemas de "problemas de gravidade". Todos somos submetidos à lei da gravidade, sem exceção. A menos que algumas pessoas vivam na Lua, não faz sentido reclamar da gravidade, pois ela impacta todo mundo. Da mesma forma, algo como oscilação do valor do dólar ou a taxa de juros impactam todas as empresas. Somente empresas muito grandes têm mais dificuldade de manobrar nesses cenários. Costumo dizer para empreendedores que a meta é se tornar tão grande que a macroeconomia impacte o negócio.

O QUE VOCÊ CONTROLA?

Sou um grande fã do livro *Os 7 hábitos das pessoas altamente eficazes*, de Stephen Covey.[45] Uso vários dos conceitos que estão lá, e um dos mais poderosos é o do círculo de influência. Muitas vezes você se concentra em coisas que estão fora de seu controle, como fatores econômicos ou tendências de mercado. E coloca boa parte de sua energia nessa preocupação.

Nossa energia é limitada. E seus clientes, produtos e equipe merecem a grande parte de sua atenção. Na prática, o que acontece é o contrário. Você acaba acordando no meio da noite, pensando em todas as coisas que podem dar errado. Eu já tive mais do que minha cota de noites em claro pensando em coisas completamente fora de meu controle.

---

45 COVEY, S. R. **Os 7 hábitos das pessoas altamente eficazes**: lições poderosas para a transformação pessoal. Santana de Parnaíba: BestSeller, 2017.

É aí que entra o conceito do círculo de influência. Imagine dois círculos, um dentro do outro. O que está na parte de fora é o círculo de preocupação. O de dentro é o círculo de influência. Quando você se preocupa, coloca muitas vezes sua energia no círculo de preocupação. Não há nada que você possa fazer a respeito dele. Mas existem coisas que pode fazer para adaptar seu negócio ao cenário preocupante. Pode, por exemplo, ser mais conservador no caixa ou melhorar o time comercial e aumentar as vendas.

O círculo de influência comporta as ações que você controla ou influencia; ou seja, que pode de alguma forma impactar com suas atitudes. Pode parecer bobagem, mas quando você concentra praticamente toda sua energia naquilo que pode influenciar, coisas mágicas acontecem. A área de influência começa automaticamente a se expandir e você se sente muito melhor. Acredito que essa seja uma característica dos melhores times empreendedores. **São pessoas que entendem o que está acontecendo no ambiente de negócios e tomam medidas rápidas e contundentes em relação ao que controlam de fato**.

Em vez de se concentrar nos problemas de gravidade, coloque essa energia naquilo que realmente importa. Naquilo que vai fazer a diferença. É assim que se combate qualquer crise que surgir. E, acredite, vão surgir muitas.

O MEDO É O PIOR GUIA

As decisões tomadas pelo medo geralmente não são as melhores. O medo faz que você não enxergue as coisas como elas são. Faz que tome decisões de curto prazo, desconsiderando o que pode acontecer futuramente. E geralmente isso destrói valor em uma empresa.

Vamos esperar essa crise acabar **157**

Por outro lado, como fazer para não sentir o medo? Considere um negócio incerto em plena operação, com pouco dinheiro e diversas dúvidas em relação ao melhor caminho a tomar. É fácil deixar o medo tomar conta. Na verdade, sentir medo é normal, especialmente quando se lida com cenários imprevisíveis, fazendo coisas nunca feitas. Minha sugestão é não tomar decisões guiadas pelo medo.

Não existe a maneira ideal. Cada pessoa é diferente. Mas eu gosto de utilizar algumas estratégias que funcionam para muitos empreendedores.

1. **Olhar a realidade nua e crua**. Em vez de colocar a avaliação em relação à situação, o primeiro passo é descrevê-la de maneira neutra. Ao colocar sua atenção em descrever a situação, você consegue criar um cenário mais propício para ter ideias novas.

2. **Pensar em diferentes cenários**. Normalmente o medo direciona para o pior cenário possível. E, pela minha experiência, raramente o pior cenário se realiza. Pense em sua vida, em todas as vezes que desenhou cenários terríveis ao acordar às três da manhã. Quantos deles se realizaram de fato? Para mim, quase nenhum. O que gosto de fazer é desenhar diversos cenários e pensar nas variáveis que impactam cada um deles.

3. **Quebrar o problema em partes menores**. Geralmente o problema, ou a situação, pode parecer muito grande para sequer começar a ser resolvido. Quebrar o problema em partes menores ajuda a enxergar onde atuar e pode gerar mais clareza para todos os envolvidos.

4. **Priorizar e executar**. Essa lição eu aprendi com Jocko Willink no ótimo livro *Responsabilidade extrema*.[46] Quando você se depara com uma série de passos para resolver um problema, é normal congelar um pouco. A chave aqui é priorizar. Pensar: *o que eu preciso fazer primeiro? E depois?* Então simplesmente pegar a primeira tarefa e começar a executar. A ação provoca uma sensação muito boa de estar começando a resolver a situação. E é disso que você precisa.

Sempre que o medo estiver presente, reconheça-o como uma emoção, mas entenda que precisa tomar decisões de maneira mais estratégica. Lide com a decisão com o rigor que ela merece. Você está liderando um negócio, então é importante manter a cabeça fria, especialmente nos piores momentos.

Crises vão acontecer. Respire fundo, analise o problema, pense no que está em seu controle e comece a executar. A orientação à ação é uma característica fundamental de todos os empreendedores.

---

46 WILLINK, J.; BABIN, L. **Responsabilidade extrema**: como os Navy Seals lideram e vencem. Rio de Janeiro: Alta Books, 2021.

9.
DIA ZERO: UM CHOQUE DE REALIDADE

Você tomou uma grande decisão. Fez o dever de casa, pesquisou tudo sobre o mercado e o negócio. Tem uma ideia clara de como o produto deve ser. Entrevistou dezenas ou centenas de pessoas para entender com clareza as dores que você quer resolver. É hora de começar!

Você alugou uma vaga em um coworking, buscando um ambiente criativo fora de casa, encontrou sócios que podem complementar suas habilidades. Separou dinheiro para tocar o projeto pelo tempo necessário e conversou com sua família para alinhar as expectativas.

No primeiro dia, você olha ao redor e vê pessoas concentradas no coworking. O que estarão fazendo? Não importa. Você pega um café e... nada acontece.

O que eu faço agora?, você pensa.

O objetivo deste capítulo é ajudar você a lidar com esses primeiros passos. Ajudar a enfrentar a realidade de criar algo novo sem ninguém a seu lado dizendo o que precisa fazer, estabelecendo prazos ou dando dicas para melhorar seu desempenho.

Para agravar a situação, seus sócios estão olhando para você, esperando que você forneça essas respostas. Em primeiro lugar, respire fundo. Todo mundo passa por isso. Não será diferente com você.

Sabe quando você começa um esporte novo e de repente descobre que precisa usar músculos que nem sabia que tinha? É exatamente isso que está acontecendo. Não tente fazer muitos paralelos com suas experiências anteriores. Você vai descobrir seu próprio estilo e gerar resultados do seu jeito. Quero ajudar você a tornar esses primeiros passos mais fáceis.

LEMBRE-SE DO EVEREST

Você não precisa criar uma área de RH. Não precisa se preocupar muito com a contabilidade de uma empresa que sequer fatura. É apenas você ou você e um grupo de sócios trabalhando para chegar ao próximo basecamp. A ideia de estabelecer metas muito específicas no início da jornada serve para remover todas as dúvidas e complexidades que vão invariavelmente surgir. Imagine as milhares de opções que você tem. São literalmente infinitas.

Sua vida vai ficar muito mais simples se você tiver clareza do que precisa ser feito no curto prazo, mesmo que as ações não resultem no esperado. Já adianto que na maioria das vezes as coisas não acontecem do jeito que você imagina. E tudo bem. A questão é como manter o foco quando tudo à sua volta está em constante movimento. É justamente por isso que você precisa estabelecer metas claras de curto prazo.

Já falei que não gosto muito da nomenclatura CEO nesse estágio de negócio, mas vamos seguir com ela para fins didáticos. Imagine que seu papel é facilitar o caminho da empresa em direção à sua visão. Você pode pensar nas inúmeras coisas que estão travando seu progresso e nas ações que você pode tomar para superar esses obstáculos. Isso vai ajudar a enxergar as coisas com mais clareza.

Estou imaginando que você fez os passos que falamos no capítulo da execução. Você já sabe aonde quer chegar (topo do Everest) e conseguiu trilhar um caminho de trás para frente até o dia de hoje.

Agora quero me concentrar na qualidade de sua primeira meta:

1. **Ela é clara?** Qualquer pessoa consegue entender aonde você quer chegar nesse primeiro momento?
2. **Ela tem um limite de tempo claro e razoável?** Seis meses é tempo demais. Quinze dias é pouco tempo. Tente algo que possa ser realizado e ao mesmo tempo seja desafiador para todos os envolvidos.
3. **As atividades que precisam ser feitas estão claras?** Em vez de metas abstratas, é importante saber exatamente o que quer realizar. "Conversar com cinquenta potenciais clientes e registrar todas as entrevistas em uma ferramenta" é uma meta clara, que pode ser distribuída entre todos. "Descobrir a dor dos nossos" é uma meta abstrata e não vai ajudar a mover a agulha na direção de sua visão.
4. **Cada pessoa do time tem uma responsabilidade definida?** As responsabilidades vão mudando à medida que as etapas são cumpridas. Então seu trabalho é ajudar a trazer clareza e deixar cada pessoa do time alinhada com o que precisa ser feito e até quando.

Para iniciar qualquer negócio, você primeiro precisa entender o problema que quer resolver, quem é diretamente afetado por esse problema e traçar hipóteses de como você vai resolvê-lo. Acima de tudo, precisa entender se essa pessoa ou empresa estará disposta a pagar por isso.

Você pode ter feito isso antes de começar oficialmente seu negócio, o que geralmente recomendo, mas é uma etapa que precisa ser vencida antes de pensar em desenvolver um produto ou qualquer coisa do gênero. Você precisa estabelecer bases sólidas antes de dar o próximo passo. **Somente esse rigor vai garantir um negócio consistente, mesmo que isso leve mais tempo do que você imagina.**

Uma vez definido o próximo passo, seu papel é basicamente garantir que ele aconteça. Só isso. Reuniões com pessoas que não ajudam a chegar lá? **Não.** Ir a eventos não relacionados? **Não.** O foco é a bola da vez. Se você não estiver com a cabeça 100% no objetivo, seu time também não estará focado.

Tome cuidado com as diversas distrações que vão aparecer no meio do caminho. Recomendo, por exemplo, remover as tentações, como as mídias sociais. Delete ou limite o tempo desses apps em seu telefone e não se distraia com algo que não vai na direção de seu objetivo. Para muitas pessoas isso é extremamente difícil, e eu entendo totalmente. Mas, se você não consegue controlar esses impulsos, modifique seu ambiente para aumentar suas chances de sucesso.

Além disso, crie um sistema de gestão que permita que todos estejam sincronizados e que progressos diários sejam feitos. Diários, e não semanais. Rotinas ágeis podem ajudar. **Você não precisa adotar todas as metodologias que existem. Mantenha as coisas simples.** Reuniões diárias para distribuir atividades e remover pedras do caminho geralmente ajudam bastante.

Você pode criar *sprints*[47] quinzenais de trabalho e fazer uma revisão com todos os envolvidos em relação ao progresso e próximos passos. **Não tenha medo de ajustar o rumo das coisas se você não estiver fazendo o máximo progresso na direção de seu objetivo.**

---

47 Fatias de tempo com início, meio e fim, com entregáveis e responsabilidades claras para todo mundo. Os *sprints* podem ter qualquer duração, mas normalmente o mercado trabalha com quinze dias.

O QUE FAZER QUANDO CHEGAR AO PRIMEIRO OBJETIVO?

Você trabalhou duro com o time para atingir o primeiro objetivo traçado. Em primeiro lugar, reserve um tempo para celebrar. Muitas vezes esquecemos da celebração, especialmente pelo tipo de personalidade predominante nos empreendedores, intensa e focada em executar o todo. Porém, isso é fundamental para manter a motivação da equipe. **Parar para olhar para trás e reconhecer o trabalho realizado é uma prática importante.**

Sugiro fazer uma detalhada revisão do que foi feito nessa etapa. Entender o que deu certo, o que deu errado e o que pode ser feito para melhorar como time. É fundamental registrar todos os aprendizados alcançados com os clientes e verificar se as hipóteses iniciais se comprovaram ou não. Tente entender profundamente os dados coletados e garantir que eles façam sentido para o time. Não se preocupe se as coisas não tiverem acontecido do jeito que você imaginava. Elas raramente acontecem, como já mencionei. Em vez disso, **foque o aprendizado.**

O passo seguinte é planejar o próximo basecamp. **Nunca perca a visão e traga-a para a discussão sempre que possível.** Não tem problema algum rever os passos futuros. Lembre-se de que existe um componente de arte e ciência na atividade empreendedora. Use sua criatividade para estabelecer os próximos objetivos e interpretar os dados, além do rigor científico para garantir que você está fazendo progresso.

Ao definir um novo basecamp, siga os mesmos passos que você utilizou no primeiro e avance na direção do objetivo, com foco e disciplina.

TODO MUNDO É CÉLULA-TRONCO

No início da jornada, todos do time fazem tudo. Esse alinhamento de expectativas é importante para evitar frustrações ao longo do caminho. Gosto de fazer analogia com nossas próprias células. As células-tronco podem se transformar em qualquer célula do corpo e hoje estão sendo estudadas e utilizadas para o tratamento de várias doenças.

Acredito que os membros da equipe de um negócio iniciante sejam todos células-tronco. Podem ter as mais diferentes competências no time, como programação, marketing, vendas ou logística, por exemplo, mas no início todos vão se dividir da melhor maneira possível para chegar ao objetivo traçado.

À medida que a empresa se desenvolve, como em um organismo, é necessária a especialização da equipe. É preciso concentrar esforço técnico no desenvolvimento do produto ou ter alguém para liderar as rotinas administrativas. No início, todos precisam estar focados em atingir o resultado definido conjuntamente.

Essa colaboração é fundamental para a formação do estilo de trabalho da empresa. Quando todos trabalham juntos, conversando com os clientes e traçando hipóteses, o entendimento do problema que estão resolvendo e do que precisa ser feito se torna uma visão coletiva muito saudável. Essa abordagem certamente ajuda nas próximas etapas do negócio.

É você que precisa fazer esse alinhamento logo no início, de modo que todos entendam e estejam comprometidos com a execução.

E AS TAREFAS ADMINISTRATIVAS?

No início, você quer remover da equação qualquer tarefa que não ajude a chegar ao próximo objetivo o mais rápido possível. Ou seja, todas as demais tarefas acabam tirando energia do que mais importa. Isso quer dizer que você deve ignorar as questões administrativas? De forma alguma.

Minha sugestão é você buscar parceiros que possam assumir todo o processo administrativo e comprar o pacote de serviços mais simples possível. Existem diversas empresas que se especializaram em assumir o *backoffice* de novos negócios, incluindo contas a pagar e receber, contabilidade e tesouraria. Essas companhias podem ser parceiras durante muitos anos, ampliando o pacote de serviços de acordo com sua demanda.

Essa é apenas uma sugestão. Muitas pessoas já têm conhecimento administrativo e querem controlar de maneira simples a gestão financeira e a contabilidade do negócio. Se isso é algo fácil para você e não tomará muito tempo, sem problemas, mas é sempre importante fazer uma análise fria de para onde estão indo seu tempo e sua energia.

À medida que seu negócio se desenvolve, a contratação de novos colaboradores se torna uma etapa crítica para o crescimento. Nesse ponto, pode ser importante considerar a contratação de um profissional de Recursos Humanos para auxiliar o processo. No entanto, é possível que essa contratação não seja necessária até que sua equipe tenha pelo menos vinte pessoas.

É crucial que você não negligencie a área administrativa, sem que isso precise necessariamente consumir muito tempo seu e de sua equipe. Tarefas como revisão de contratos e negociação com investidores com certeza demandarão sua atenção, e essas responsabilidades fazem parte de suas atribuições. A governança do negócio será um aspecto essencial para o crescimento ao longo dos anos, e você precisa liderar essa frente. Contudo, é fundamental desenhar processos que permitam manter o foco na execução.

Dia zero: um choque de realidade **167**

SAIR DO PRÉDIO É FUNDAMENTAL

"Saia do prédio" é uma frase famosa atribuída a Steve Blank, que, com Eric Ries, popularizou métodos de gestão utilizados pelas empresas de tecnologia no Vale do Silício. A mensagem é muito clara. Afinal, onde estão seus clientes?[48]

A essência da metodologia da Startup Enxuta é você só construir qualquer coisa relacionada a seu produto após a validação de seus clientes. Em vez de desenhar e programar páginas e códigos, você primeiramente precisa entender se isso é relevante para quem você está construindo. Parece bastante óbvio, mas a maioria das pessoas não gosta de passar por essas etapas.

Muitas pessoas que iniciam a jornada empreendedora têm receio de falar com clientes. Eu entendo completamente essa reação. Afinal de contas, você vai ter de pedir "por favor" a diversas pessoas antes de achar alguém que concorde em falar com você. Quando você se sentar com essas pessoas, existe um grande risco de elas destruírem suas hipóteses iniciais. Não parece um jeito muito prazeroso de começar a jornada empreendedora. Mas aprendi que é justamente o contrário.

Conversar com clientes e entender exatamente o que acontece com essas pessoas e empresas ajuda a pular muitas etapas e tornar sua jornada muito mais rica e divertida. Lembra que falei que empreender é um misto de arte e ciência? Conversar com um número grande de pessoas, tomando o cuidado de registrar todas as nuances percebidas, é a ciência. Como você processa essas informações é a arte. É aí que entra a criatividade. E o grande desafio dos empreendedores é casar perfeitamente as duas coisas.

---

48 BLANK, S. Why the lean start-up changes everything. **Harvard Business Review**, maio 2013. Disponível em: https://hbr.org/2013/05/why-the-lean-start-up-changes-everything. Acesso em: 23 maio 2024.

Já presenciei equipes extremamente criativas que geravam novas hipóteses a cada conversa, se empolgavam e corriam para desenvolver o produto. Entretanto, essas equipes muitas vezes se frustravam, pois não compreendiam as razões pelas quais os clientes não utilizavam o que haviam desenvolvido. Por outro lado, conheci equipes que criavam planilhas detalhadas com o registro de cada conversa, calculavam a amostragem necessária e chegavam a conclusões lógicas sobre o que resolveria os problemas dos clientes. No entanto, essas equipes falhavam em discutir e desenvolver ideias criativas a partir dos insights obtidos. Elas se baseavam apenas no que havia sido dito, deixando de lado a linguagem corporal e a análise do contexto do problema. Ambos os times acabavam se frustrando com a falta de progresso.

As melhores equipes sabem balancear a arte e a ciência e se divertem com isso. Mas como lidar com aquele sentimento de rejeição e frustração que vem com o processo? Sou uma pessoa razoavelmente introvertida e sempre achei muito desconfortável me expor dessa maneira. Até eu descobrir algo que mudou tudo: pensar como um detetive.

Ao ligar para clientes, eu tinha medo de ser rejeitado logo de cara. Quando conseguia falar, temia que eles simplesmente não tivessem o problema ou não gostassem do que pensei. Achava que tudo estaria perdido. "Larguei tudo para isso?". Dá um frio na barriga pensar assim. Sem falar no fato de esse estresse não estimular a criatividade.

Foi aí que me dei conta de que tenho infinitas possibilidades para resolver o problema. E não sou eu que estou sendo rejeitado. São apenas algumas coisas que eu disse. Em vez de me preocupar se meus entrevistados gostam ou não do que estou fazendo, eu

Dia zero: um choque de realidade **169**

me porto como um detetive, investigando tudo a respeito daquele problema. Quero entender como se sentem, observo o verbal e o não verbal nas interações. Quero saber mais do que apenas o problema, e sim exatamente como tentam resolvê-lo hoje e quanto gastam nesse processo. Quando falo com empresas, gosto de entender quem mais é impactado pelo problema, tanto departamentos quanto pessoas na organização. Ao final de uma *sprint*, coloco tudo à minha frente, como naquelas séries de detetive, e começo a pensar **sem querer ter razão**, tentando ser profundo nas causas e nos impactos.

Levei algum tempo para entender isso, e agora esse é um processo que gosto muito de fazer. Pensar como um detetive fez que uma atividade chata e estressante se tornasse uma grande fonte de novas ideias. Costuma-se dizer que é preciso se apaixonar pelo problema, e não pela solução. E se dedicar para entender o que quer resolver é uma forma maravilhosa para criar essa sensação. Arte e ciência.

APRENDA A GERENCIAR SEU TEMPO

Você procrastina? Fale a verdade. Eu sou um procrastinador profissional. Não tem jeito. Quando eu estava na escola, era uma criança bem agitada. Minha mãe sempre era chamada na escola, por uma razão ou outra. Mas uma coisa que ela não tolerava eram notas baixas. Então eu tinha que encontrar formas para passar com uma nota aceitável. Acabei desenvolvendo uma estratégia para resolver esse problema. No dia anterior à prova, eu passava na biblioteca e pegava dois ou três livros sobre o assunto em questão e me dedicava à tarde, por volta de duas a três horas, para absorver o máximo de conteúdo. Essa estratégia maluca me fazia passar de ano, mas ela não vai ajudar muito a tocar um negócio.

No começo da vida empresarial, pode haver muita dificuldade para priorizar e lidar com todas as pequenas tarefas que precisam ser feitas. E isso só agrava quando você começa a ter pessoas trabalhando para você. Sua ineficiência se torna a ineficiência de todo mundo.

Ao longo dos anos, procurei diversas soluções para isso. Quando descobri o método GTD, de David Allen,[49] tudo mudou. Em poucas semanas, minha produtividade praticamente duplicou. Em alguns meses, fiquei ainda mais produtivo. Com o passar do tempo, fui adicionando métodos e técnicas que ia descobrindo ou criando.

Hoje eu posso dizer que sou uma pessoa bastante produtiva. O impulso de procrastinar sempre está lá, mas consigo domá-lo, pois sei que a realização de conquistar um objetivo me traz muito mais felicidade. Uma das práticas que adotei é a revisão trimestral e semanal de meus objetivos. A técnica é bem simples e acho que várias pessoas que empreendem podem aumentar bastante seu foco com ela. Basicamente traçamos nossos objetivos do ano e os quebramos por trimestre. Semanalmente reviso esses objetivos e vou ajustando minhas ações da semana para que se aproximem cada vez mais deles.

O mais importante é você encontrar algo que funcione para você. Quem está à frente de um negócio tem uma grande responsabilidade. **Seu ritmo é o ritmo da empresa**. Portanto, cuide de sua produtividade com prioridade.

A partir do momento que você tem mais pessoas trabalhando juntas, é importante cuidar dos rituais e rotinas. No início, a empresa

---

49 ALLEN, D. **A arte de fazer acontecer**: o método GTD – getting things done. São Paulo: Sextante, 2016.

não precisa de muitas rotinas, mas é importante que todos estejam alinhados e trabalhando em sincronia, como falamos no capítulo sobre execução. À medida que o número de pessoas aumenta, você vai precisar garantir que esses rituais acompanhem as necessidades do negócio. Muitas vezes você não vai estar em um bom dia, mas mesmo assim terá de fazer os rituais acontecerem. São eles que ditam o ritmo do negócio.

A CULTURA COMEÇA CEDO

Gosto de pensar que **a cultura da empresa é o que as pessoas fazem quando a liderança não está na sala**. Existem vários livros excelentes sobre esse assunto, e não é meu objetivo entrar a fundo no tópico. O que quero falar é sobre seu comportamento no início do negócio. A cultura é você.

Quando a empresa começa, o que você faz é a cultura. Como você toma decisões, trata seus colaboradores, clientes e parceiros. O jeito como você fala, seu senso de urgência e até mesmo suas expressões não verbais são capturadas por todos à sua volta. As pessoas acabam pegando esse jeito e o incorporando ao comportamento delas. Portanto, não acredite que você ainda não tem tamanho para pensar em cultura. Saiba que ela já existe. A decisão é se ela é consciente ou não.

Durante os primeiros anos de vida do negócio, é importante que você seja intencional quanto àquilo em que acredita e pensa sobre como a empresa deve ser conduzida. Se você acredita na visão e no propósito, repita-os exaustivamente para todos à sua volta. Se você valoriza a pontualidade, seja pontual nos rituais e cobre isso de todos. As pequenas atitudes que você tem, por menores que sejam, acabam dando o tom da cultura.

Mais para frente, você pode criar um guia cultural ou outros materiais que ajudem todos a entenderem como a empresa funciona. Agora, o que você precisa é refletir cuidadosamente sobre o que pensa em suas ações. No tópico anterior, falamos de rituais. Existem dois que são simples e podem ajudar no início: a reunião de staff e o alinhamento semanal da liderança. No começo, sua equipe será pequena, e provavelmente o alinhamento semanal é suficiente. Com mais de dez pessoas, os dois encontros passam a ser importantes. Na reunião semanal, se discute o trabalho, o que precisa ser feito e como está indo o negócio.

Crie um documento e acompanhe esse documento ao longo do tempo. Se você utiliza alguma ferramenta de gerenciamento de projetos, abra a ferramenta durante a reunião. Ela deve ser objetiva e garantir que todos saibam o que precisa ser feito. Na reunião mensal, de staff, participam todas as pessoas da empresa e você apresenta como está indo o negócio, reforça a visão e o propósito e ajuda todos entenderem o que estão criando juntos.

Com práticas simples, você consegue trazer todos a bordo e ter uma evolução muito mais rápida na direção de seus objetivos. Não esqueça de treinar todos nas metodologias que você está usando, com informações de mercado e muito mais. Isso vai ajudar a ter um time mais coeso e remando com você.

O estabelecimento do ritmo é uma responsabilidade importante de quem cria uma empresa. A cadência é uma das lições mais importantes que eu aprendi. Quanto mais você sincroniza a empresa e garante que todos estejam trabalhando pela mesma causa, pelos mesmos objetivos e com os mesmos métodos, mais resultados você terá.

LIDERAR PESSOAS É A PARTE DIFÍCIL

Liderar pessoas é um desafio gigantesco, e nada prepara para isso. Por um lado, você tem uma grande responsabilidade: as pessoas que estão com você confiam em sua visão para a carreira delas. Por outro lado, você precisa extrair o melhor de todos. E isso não é fácil.

A maioria dos cursos e das formações ensina a gerenciar, e não a liderar. Eles ensinam a organizar o trabalho, entender números, gerenciar projetos e muito mais. É claro que você precisa dessas habilidades, mas é fundamental aprender a liderar.

Há tantos artigos e livros sobre liderança que é difícil saber o que fazer e o que não fazer. Gosto da definição de que **liderar é atingir objetivos por meio das pessoas**. É exatamente isso que você precisa dominar. No início da empresa, você vai ter de microgerenciar e estar em praticamente todas as áreas do negócio. Com o tempo, uma estrutura gerencial será criada, e com ela vêm desafios ainda maiores. De repente, você não estará mais no campo de batalha, cuidando de cada detalhe. Você vai contar com diretores, gerentes e toda a estrutura corporativa. E a complexidade vai aumentar. Pessoas vão sair da empresa, áreas vão perder eficiência, vão surgir reclamações sobre questões que você nunca imaginou. Como lidar com tudo isso? A boa notícia é que a vida pode ficar mais fácil nesse aspecto.

As pessoas que estão com você podem ajudar a resolver todos esses problemas. Primeiro você precisa lidar com o básico de como tratá-las. Antes de tudo, lembre-se de que são pessoas. E de que você também é uma. Portanto, você pode usar sua empatia para entender o que estão passando. Vamos cobrir o básico, então.

O primeiro passo é colocar as pessoas certas a bordo, como já falamos. As contratações precisam ser feitas com cuidado. Como Jim Collins diz no clássico *Empresas feitas para vencer*,[50] **você de-**

---

50 COLLINS, J. **Empresas feitas para vencer**: por que apenas algumas empresas brilham. Rio de Janeiro: Elsevier, 2002.

veria demitir rápido e contratar lentamente. Para garantir que as pessoas estejam alinhadas com o que você quer no longo prazo, entreviste todo mundo. Garanta que as pessoas estejam alinhadas com o que você está criando. No início, você vai errar mais do que acertar. Isso faz parte. Você vai melhorar com o tempo. Outro ponto importante é que você não vai ter dinheiro para contratar as pessoas seniores de que precisa. Lembre-se de que toda empresa passa por isso. **Em vez de buscar senioridade, busque capacidade de execução, inteligência e alinhamento**. Saiba que você vai ter de investir tempo para preparar essas pessoas.

O segundo passo é ter clareza naquilo que você espera de cada pessoa. No início, todo mundo está fazendo tudo, como falei anteriormente. Porém chega um momento que você vai buscar pessoas de vendas, administrativo e diversas outras funções. Independentemente do momento, é fundamental que você alinhe claramente as expectativas com elas. Faça isso em duas vias. Ouça, entenda como elas pensam. Explique **com muito detalhe** o que você espera. Preferencialmente, deixe escrito, para acesso posterior. É óbvio, não é mesmo? Acredite, fazer isso é muito menos comum do que você imagina.

Uma vez estabelecidas as expectativas, vem a parte mais difícil e fundamental do processo: o constante feedback e alinhamento em relação ao desempenho da pessoa. Seu trabalho mais importante é fornecer, formal e informalmente, um acompanhamento claro de como ela está se saindo. Alguns gestores acham que, se tudo está indo relativamente bem, é melhor deixar como está. Não caia nessa armadilha. Sempre se preocupe em garantir que a pessoa saiba claramente como está se saindo e trabalhe com ela para resolver quaisquer gaps comportamentais e técnicos que possam surgir.

Imagine a pessoa sendo entrevistada por outro profissional e sendo questionada sobre o desempenho, onde precisa melhorar e o que está achando da experiência. Se você estivesse tendo essa mesma entrevista em outra sala, as respostas deveriam ser as mesmas. É mais complexo do que parece, mas você acaba pegando o jeito.

Escutar as pessoas em uma reunião periódica de acompanhamento é fundamental, mas você precisa aprender a perceber o que elas fazem. Os comportamentos são grandes janelas para a cabeça de qualquer um. Mesmo que alguém diga que está tudo bem em uma conversa, procure observar a comunicação não verbal e o comportamento dessa pessoa em outras situações. Felizmente, todo mundo busca ser entendido. Se você fizer um esforço nesse sentido, atuando nos pontos percebidos, já estará a anos-luz de distância da maior parte dos líderes.

Bons líderes cuidam das pessoas e obtêm resultados para o negócio. Apenas cuidar das pessoas vai gerar um negócio medíocre e provavelmente causar a perda dessas mesmas pessoas. Afinal, ninguém quer fazer parte de um time que não vence. Por outro lado, só focar o resultado, desconsiderando o elemento humano, também faz de você um péssimo líder. Sei que é difícil encontrar o balanço ideal, mas é justamente essa a trajetória de aprendizado que você vai passar.

Muitas pessoas têm medo de desagradar a equipe, afrouxando o nível de exigência. Temem a crítica e as respostas negativas do time. Você não está em um concurso de popularidade. Você está no negócio para liderar. Seu trabalho é levar a empresa e as pessoas para outro patamar, e algumas vezes você tomará medidas impopulares, mas no longo prazo você terá pessoas alinhadas, competentes e felizes em uma empresa sólida. Essa é sua meta.

OLHAR A REALIDADE, SEM PERDER O OTIMISMO

Encarar a realidade é uma tarefa difícil, principalmente quando percebemos que ainda somos um pouco amadores em relação a muitas questões relacionadas aos negócios. Porém, é importante reconhecer que existe uma longa jornada pela frente para alcançar nossos objetivos. Devemos dar um passo de cada vez.

Enxergar a realidade não significa ser pessimista. Na verdade, nunca vi um empreendedor que fosse pessimista na vida. A verdadeira arte é perceber a realidade com todas as nuances e, ao mesmo tempo, manter uma mentalidade positiva em relação ao futuro. O autor Jim Collins chamou esse fenômeno de paradoxo de Stockdale. Ele teve essa percepção após conhecer a história do almirante Jim Stockdale, que foi prisioneiro de guerra no Vietnã durante oito anos e foi submetido às piores condições e torturas imagináveis.

Quando Collins perguntou a Stockdale como ele manteve a sanidade durante todo aquele tempo, a resposta foi surpreendente. O almirante afirmou que os soldados que morreram foram aqueles que achavam que sairiam na próxima data comemorativa. Por exemplo, torciam pela Páscoa e, quando ele passava, ficavam deprimidos e definiam uma nova data de curto prazo. Aos poucos, isso acabava com o espírito deles, e eles acabavam morrendo. Stockdale disse que sempre teve fé de que conseguiria sair, mas não necessariamente em uma data específica, pois estava sempre olhando a realidade de frente. O paradoxo de Stockdale significa que você deve manter a fé inabalável de que vai vencer no final e, ao mesmo tempo, confrontar os fatos brutais de sua situação atual.

Sei que os pontos mencionados neste capítulo são fáceis de entender e muito difíceis de implementar. Ao aplicar qualquer uma das sugestões, você terá diversas dúvidas e muitas vezes questionará sua competência empreendedora. Não se desespere. Lembre-se de que tudo vai dar certo no final e mergulhe no problema que está à sua frente. Se der errado, tente novamente. É isso que faz de nós empreendedores, afinal.

10.
ESTE É SÓ
O COMEÇO

O objetivo deste livro é ajudar você a dar os primeiros passos na criação de algo novo.

Se você acredita que empreender está em seu DNA, não deixe essa vocação apenas no campo das ideias. Coloque em prática o projeto que estava em sua cabeça durante toda esta leitura. Eu sei que você pensou em algo específico.

A jornada não será fácil nem simples, mas tenho certeza de que pode transformar sua vida e a de muitas outras pessoas.

O mundo não precisa que todos criem negócios. O mundo precisa que a pequena parcela de pessoas que precisa transformar uma ideia em algo concreto vá lá e tente. Sabemos que a maioria das pessoas não vai chegar aonde imaginou no começo da jornada. E tudo bem.

As pessoas que dão o passo à frente vão entender, de fato, do que são feitas. E diversos outros caminhos se abrirão, pelo simples fato de tentarem. Acredito piamente que, quando ousamos, quando somos fiéis a quem somos, coisas boas acontecem.

O mundo precisa desesperadamente desse talento e de disponibilidade para fazer acontecer.

Por outro lado, se você chegou até aqui apenas para ter certeza de que essa atividade não é para você, fica aqui meu mais profundo respeito. É necessário ter bastante autoconhecimento para saber aquilo que vai nos fazer felizes. Como falei, a maior parte das pessoas não deveria criar algo novo porque isso não vai trazer realização para elas.

Já trabalhei com centenas de pessoas que optaram por colaborar em organizações já existentes e tiveram carreiras fantásticas, repletas de inovação e criatividade. Aliás, várias dessas pessoas estão entre as mais brilhantes que já conheci. E foram fundamentais para levar essas organizações a outros patamares.

Se você sentiu que este livro gera aquela sensação inexplicável de querer criar, termino com alguns conselhos e sugestões.

O MELHOR MOMENTO FOI ONTEM E O SEGUNDO MELHOR MOMENTO É HOJE

Costumo dar muitas mentorias para jovens em início de carreira. Várias dessas pessoas falam a mesma frase: "Quero empreender algum dia". Invariavelmente, pergunto na sequência: "Por que 'algum dia'? Por que não hoje?".

Normalmente eles gaguejam e começam a dar diversas explicações que vão desde a necessidade de ganhar mais experiência no mundo corporativo até algum plano mirabolante que envolve outros amigos que também estão juntando dinheiro e vão iniciar o projeto juntos em alguns anos. Ao avançar dez anos no tempo (vantagens de ser um pouco mais velho), eu diria que uma pequena minoria vai atrás desse projeto. A maioria vai seguir a carreira corporativa tradicional. Alguns vão fazer MBAs no exterior, outros ainda estarão tentando encontrar o próprio propósito. O fato é que poucas pessoas vão correr atrás do que realmente querem fazer.

Atualmente, nessas mesmas mentorias, sou um pouco mais duro. Faço muito mais perguntas e busco chegar à inevitável conclusão de que a maioria das pessoas não quer de fato criar algo novo. A maioria apenas fala isso porque hoje em dia é um caminho aspiracional para a maior parte dos jovens. Como já falei, a maioria

182 Contra a corrente

das pessoas não deveria empreender. **E tão ruim quanto querer de fato ir atrás de seu projeto e ficar segurando esse sonho por medo é fazer algo porque todo mundo quer a mesma coisa.**

É importante reforçar: não estou sugerindo que você enlouqueça, largue tudo e vá criar algo.

Aliás, quando estamos com aqueles sentimentos de jogar tudo para o alto e fazer outra coisa da vida, geralmente é o estresse falando. E o estresse não é um bom conselheiro.

Talvez seja hora de conversar com pessoas próximas e discutir o que você quer fazer e entender melhor o que está acontecendo em sua cabeça. Se você chegou à conclusão de que é isso mesmo, esperar não faz sentido.

Não se trata de jogar tudo para cima, desconsiderar os riscos e sair fazendo. Existem condições que precisam ser respeitadas, como suas economias para garantir o tempo necessário até o negócio decolar, por exemplo. Além disso, você pode começar sem precisar largar tudo.

É possível iniciar todo o processo de validação de seu projeto agora mesmo. Tudo que você precisa é de potenciais clientes, disciplina e criatividade. Teste suas hipóteses. Vá para a rua e faça um esforço consciente para **invalidá-las**. Se elas sobreviverem ao processo, existe uma probabilidade de você ter um negócio nas mãos.

É realmente possível começar o projeto hoje. Literalmente.

Só depende de você.

BUSQUE MENTORES E GRUPOS DE SUPORTE

Existem duas verdades paradoxais quando você cria algo novo. A primeira delas é que você não consegue criar nada sozinho. A segunda é que as pessoas não estão fazendo fila para ajudar você.

Embora todos precisem de ajuda, sua missão é encontrar pessoas dispostas a ajudar você.

Eu tive a sorte de ter dezenas de pessoas que me ajudaram ao longo de minha jornada. E várias dessas pessoas sequer sabem o papel que tiveram em minha vida. Algumas delas eu nunca conheci pessoalmente. Aquelas que tiveram uma participação ativa em minha formação muitas vezes não fizeram isso de forma consciente. Coube a mim entender o que elas queriam dizer e ressignificar a lição para o meu contexto.

O que quero dizer é que você precisa estar constantemente aprendendo e observando. Dificilmente existirá um Senhor Miyagi[51] em sua vida, aquele mestre que se dedicará exclusivamente a você, pensando nas lições que você precisa aprender e ensinando-as com disciplina e criatividade. Porém existirão várias situações em que pessoas podem ensinar das mais diferentes formas. Algumas você vai ler a respeito, outras você vai observar. Com outras você terá a sorte de ter conversas sobre suas dificuldades. Cabe a você o papel de editar todas essas experiências e montar a obra-prima que é sua jornada.

Encontrar essas pessoas não é simples, e você precisa estar constantemente absorvendo tudo à sua volta e entendendo do que você precisa naquele momento. **Sim, naquele momento**. Várias lições e conselhos não vão fazer sentido algum para você, pois existem etapas que precisam ocorrer para que você tenha maturidade para recebê-las. A mágica acontece quando a lição ideal encontra o momento ideal.

Outra forma de receber as mentorias e os aprendizados de que você precisa é participar de grupos de empreendedores. Quando criamos a ACE, em 2012, ela ainda se chamava Aceleratech. Reuníamos

---

51 Referência ao filme *Karatê Kid*, de 1986, cujo personagem mestre, interpretado por Pat Morita, ensina karatê ao jovem aprendiz.

diversos times empreendedores em um único ambiente com o propósito de ajudá-los a ir mais longe, mais rápido. Essa é a missão de uma aceleradora. O interessante é que, por mais que trouxéssemos os melhores mentores do mercado, a experiência de estarem todos juntos no mesmo barco e as trocas advindas dessa situação foram as coisas que mais marcaram essas pessoas. Anos depois elas ainda se lembram da camaradagem e do aprendizado e mantêm contato com os colegas de turma.

Eu costumava dizer, na abertura das turmas de aceleração, que todos os empreendedores são órfãos. Não existe ninguém a quem recorrer quando as coisas dão errado. E que o objetivo da ACE era ser um orfanato, onde todos poderiam encontrar um grupo de suporte. Ao longo dos anos, a importância da comunidade só se tornou mais relevante para a ACE.

Existem diversos grupos formados por empreendedores no mercado. Você pode formar grupos por iniciativa própria e criar uma frequência de conversas. Mas também existem vários grupos profissionais que podem acelerar esse processo. Essa é uma atividade que toma tempo na agenda e precisa de energia para funcionar.

Lembre-se do paradoxo. Embora a jornada empreendedora seja solitária, você pode trabalhar para que tenha uma série de conexões significativas ao longo do processo.

ESTENDA A MÃO

É fácil cair na armadilha de ficar autocentrado na criação de seu negócio. Tudo está geralmente caótico à sua volta, e os problemas costumam se empilhar, mas seu negócio não está sozinho no mundo, como uma ilha flutuante. Ele está no meio de um ecossistema de empresas e pessoas.

Assim como algumas pessoas estenderam (e estenderão) a mão para você ao longo de sua jornada, é esperado que você também cumpra esse papel. Em meio a tantas coisas feias que existem, é muito bom pensar que podemos fazer parte daquilo que é belo, do que nos inspira. Então entenda como sua responsabilidade estender a mão.

Você pode pensar que ainda não tem tanto a oferecer, que sua jornada recém se iniciou. Isso é verdade, mas sempre existem pessoas que podem ser ajudadas. Muitas vezes algo pequeno para você pode ser gigante para outra pessoa. Uma conexão, uma dica, uma palavra de encorajamento. Tudo pode ajudar.

Muita gente fala que o mundo não tem solução. Eu discordo. **Acho que as pessoas que criam algo novo têm um papel fundamental na construção do futuro**. Ao longo de minha jornada, aprendi que é possível empreender e, ao mesmo tempo, cuidar dos negócios, das pessoas e do entorno.

No Vale do Silício, existe uma frase muito usada: "Give first", ou seja, dê primeiro. Não espere nada em troca, mas dê e cumpra seu papel. Quanto mais pessoas tiverem essa mentalidade, melhor será o ambiente de negócios.

LEMBRE-SE: NÃO EXISTE DAR ERRADO

A jornada empreendedora é extremamente rica, repleta das mais diferentes emoções, pancadas, vitórias e derrotas. No final dela, o que fica é o aprendizado. Seu aprendizado. Este é o maior ativo que você tem: aprender a colocar algo seu no mundo.

Você pode ler quantos livros quiser (este, inclusive), mas nada vai preparar você para a experiência prática. É como aprender a nadar ou lutar. É só na piscina e no tatame que se aprende de verdade. Se você passou por isso, essa vivência tem muito valor.

Então não se preocupe em dar certo ou errado. Preocupe-se em melhorar todos os dias, manter a cabeça no lugar certo e olhar para frente.

Você sempre deve considerar, ao montar um novo negócio, os riscos financeiros e legais. Essa parte não é a mais divertida do processo, mas entender como funciona o fluxo de caixa e a contabilidade de sua empresa é fundamental para o planejamento. O Brasil é um caso à parte quando se fala do impacto de um fracasso corporativo na vida pessoal dos sócios, então estude e entenda esses riscos. É possível dar errado e não ficar pagando dívidas anos a fio.

Ainda que estejamos falando do pior cenário aqui, **a jornada trouxe infinitos aprendizados**. Muito mais do que qualquer MBA em uma escola de ponta em qualquer lugar do mundo.

Portanto, mergulhe em seu negócio de cabeça e aprenda todo dia!

PALAVRAS FINAIS

O objetivo deste livro é inspirar, provocar e, ao mesmo tempo, trazer uma dose de realidade para você que quer colocar algo seu no mundo. Não aprofundei metodologias específicas aqui e certamente não me propus a criar um manual, mas busquei elementos que normalmente não encontro nas referências bibliográficas mais comuns.

Espero que ele tenha cumprido esse papel e que você esteja olhando para suas anotações e pensando nos próximos passos. Adoro todas as etapas do processo empreendedor. É maravilhoso ver as ideias criando vida e enxergar as milhares de possibilidades pela frente.

Empreendedores são minhas pessoas favoritas no mundo. Com todas as maluquices, manias e excentricidades, essas pessoas conseguem mobilizar milhares de outras com apenas o poder de uma visão. Então abrace seu lado estranho e não tenha medo de ser você mesmo ao longo desse processo.

Realmente acredito que a grande maioria dos problemas pode ser resolvida com criatividade e muito trabalho. **E que a vida fica muito mais rica quando fazemos tudo isso com propósito e alegria**.

Desejo que você tenha todo o sucesso que merece, entendendo esse sucesso como aquilo que fizer sentido para você.

O mundo precisa disso.

Este livro foi impresso pela
Edições Loyola em papel lux cream 70 g/m²
em julho de 2024.